本书系国家社科基金重大项目"中国高等体育教育发展进程与改革"（项目编号：15ZDB147）阶段性成果

中国高等体育教育

改革之路

——以14所体育院校为例

The Way of Reform in
Higher Physical Education in China

闫二涛 ■ 著

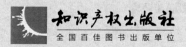

知识产权出版社
全国百佳图书出版单位

图书在版编目（CIP）数据

中国高等体育教育改革之路：以 14 所体育院校为例/闫二涛著. —北京：知识产权出版社，2019.3

ISBN 978-7-5130-6135-3

Ⅰ.①中… Ⅱ.①闫… Ⅲ.①体育教育—教育改革—教学研究—高等学校 Ⅳ.①G807.4

中国版本图书馆 CIP 数据核字（2019）第 040719 号

责任编辑：石陇辉　　　　　　　　责任校对：王　岩

封面设计：曹　来　　　　　　　　责任印制：刘译文

中国高等体育教育改革之路
——以 14 所体育院校为例

闫二涛　著

出版发行：	知识产权出版社有限责任公司	网　　址：	http://www.ipph.cn
社　　址：	北京市海淀区气象路 50 号院	邮　　编：	100081
责编电话：	010-82000860 转 8175	责编邮箱：	shilonghui@cnipr.com
发行电话：	010-82000860 转 8101/8102	发行传真：	010-82000893/82005070/82000270
印　　刷：	北京中献拓方科技发展有限公司	经　　销：	各大网上书店、新华书店及相关专业书店
开　　本：	787mm×1092mm　1/32	印　　张：	7.75
版　　次：	2019 年 3 月第 1 版	印　　次：	2019 年 9 月第 2 次印刷
字　　数：	220 千字	定　　价：	49.00 元

ISBN 978-7-5130-6135-3

前　言

　　为探寻我国高等体育教育发展规律、促进高等体育院校的合理发展，本书以高等体育教育发展历程为研究对象，运用文献资料法、专家访谈法、数理统计法、对比分析法和个案分析法等多种研究方法，对其发展历程、特征、成效与问题、影响因素进行研究，并结合高等体育教育发展面临的机遇与挑战，提出发展思路。具体结论如下所述。

　　1）改革开放以来，中国高等体育教育发展经历了恢复与调整、规范与改革、扩张与优化三个阶段，其特征表现为办学目标由注重外延式发展向注重内涵式发展方向转变，办学方向由重点服务教育事业向社会服务、科研与教学并重的方向发展；管理形式由政府主导的计划管理模式向学校自主的市场化管理模式转变；学科专业设置以单一体育学类专业为主向多学科门类交叉专业方向发展；人才培养目标由单一培养师资向培养"四员"方向发展。

　　2）经过多年的改革发展，我国高等体育教育确立了教学、训练、科研"三结合"的办学指导思想和"双一流"的办学目标定位，逐步推行依法自主办学管理模式，构建了多学科门类的体育专业体系和多目标、多层次、多形式的人才培养体系。但也存在一些问题，表现在办学方向摇摆不定，办学目标定位结构性失调，办学性质单一、社会化程度不高，学科专业调整与社会需求契合度不高，学科专业布局不合理，人才培养目标未能全面实现，人才培养途径发展不合理。

3）政治因素、高等教育、体育事业和自身发展需求是推动高等体育教育发展的主要动因。

4）高等教育大众化、高等教育强国建设、社会体育和竞技体育的发展、体育专业院校实力的增强为高等体育教育发展带来了巨大的发展机遇。国家统一政策引领与学校定位差异化的矛盾，专业建设"全"与"专"的抉择，办学主体多元化，人才需求多样化，综合性高校和师范学校体育专业的发展等成为高等体育教育发展的主要挑战。

5）针对高等体育教育提出以下发展策略：第一，目标定位差异化，建设教育、训练、科研"三结合"的多层面、多类型、特色化的"双一流"体育专业院校；第二，学校管理自主化，政府与学校之间实行放权与宏观调控同步；第三，专业建设特色化，巩固体育教育训练学本色专业，开拓体育健康与康复学新特色专业；第四，人才培养方式多样化，完善"体教结合"办学模式培养优秀运动员和教练员，完善"体医结合"人才培养模式培养新兴体育特色人才；第五，办学过程开放化，加强与国内外高校、科研部门的交流合作，提升社会服务能力。

目 录

第 1 章

引 言

1.1 选题依据

1.1.1 社会发展的需求，呼唤高等体育教育的变革

进入 21 世纪，国家对高等教育提出了新的改革要求。党的十七大提出"优先发展教育，建设人力资源强国"的战略部署，要求科学发展教育事业，全面提升国民素质，加快社会主义现代化进程。《国家中长期教育改革和发展规划纲要（2010—2020 年）》提出："全面提高高等教育质量""提高人才培养质量""优化结构办出特色"，为中国教育改革发展指明了方向，加快了中国从教育大国向教育强国迈进的步伐。中央领导的重要讲话精神和教育规划纲要为高等教育提供了良好的发展环境，同时也对高等学校的管理水平、教育质量提出了更高要求。作为高等教育的重要组成部分，高等体育教育也应顺应国家和社会的要求，加快改革步伐，促进自身发展。

在一个世纪的发展历程中，中国高等体育教育为国家的发展、民族的振兴和体育事业的发展做出了巨大的贡献。随着中国体育事业的发展，中国逐渐由体育大国向体育强国迈进，创

建世界一流的体育大学和高水平的高等体育专业院校，发展一批世界一流的体育学科，是发展体育强国的必由之路。高等体育教育作为推动体育事业发展的重要动力源，需要在体育人才培养、体育文化传承、体育科学研究以及提升中国国际影响力方面发挥重要作用，进而推动中国体育强国的建设。

当前社会经济发展、社会进步、文化事业繁荣发展为高等体育教育的发展提供了大好机遇，国家体育发展政策的制定、管理体制的创新、结构的优化、公民体育文化意识的培育等为高等体育教育的发展创造了良好的环境。另外，随着中国经济的发展，国民收入逐步增长，物质生活日渐丰富，人民生活水平有了较大的提高，对于体育锻炼的需求增加。国家、社会、人民对中国体育教育提出的政治、经济、文化、教育、健康和娱乐等方面的要求，需要有创新能力的高层次人才去实现。作为体育人才培养的高等体育专业院校如何才能承担起社会赋予体育的重任，这就需要高等体育专业院校在办学目标、专业设置、人才培养、体育管理等方面做出相应的调整，以满足国家、社会、人民的需求。《国家中长期教育改革和发展规划纲要（2010—2020 年）》指出："中央政府统一领导和管理国家教育事业，制定发展规划、方针政策和基本标准，优化学科专业、类型、层次结构和区域布局""完善以省级政府为主管理高等教育的体制，合理设置和调整高等学校及学科、专业布局，提高管理水平和办学质量"。面对社会发展的需求，高等体育教育该如何发展，已成为当前体育工作者研究的焦点。

1.1.2　高等体育教育的发展困境，倒逼我们反思历史经验和教训

自 1999 年中国高等教育扩招以来，中国高等体育教育专业招生人数也在不断增加，这为更多的人提供了接受高等教育的

机会，在一定程度上促进了社会教育和体育事业的发展。但是随着高等体育教育招生数量的增加，中国高等体育教育领域中存在的困难和矛盾逐渐凸显出来，如体制下高等体育教育的办学特色弱化和教学质量下降，专业设置和人才培养模式滞后于社会发展需要，管理体制机制效率不高等。据中国教育部高等教育司统计，目前国内体育院系的专业分布点为："体育类本科专业点 351 个，这在当中体育教育专业点 178 个，社会体育专业点 68 个，运动训练专业点 53 个，民族传统体育专业点 33 个，运动人体科学专业点 19 个"。这在当中体育教育专业所占比重最大，远远超出社会的需求。据杨贵仁研究发现，"每年需求量为 1.2 万人，而中国每年体育教育专业毕业生为 10 万人左右，远多于学校的发展需求。社会需求的减少以及体育教育专业的大量人才输出，导致多数毕业生不得不进入非体育类的低端职业工作。"❶ 据 "麦可思 2010~2014 年中国大学生就业报告" 的全国调查数据显示，2010~2014 年大学生 "红黄绿牌" 专业名单中，体育教育专业被列为红牌专业❷，2015 年和 2016 年被列入黄牌专业。面对现实困境，探讨高等体育教育发展与生存问题显得尤为重要。

面对当前中国政策、社会环境等方面给予体育行业发展的机遇，如何有效解决中国高等体育教育领域中存在的问题、促进体育教育事业的发展、彰显体育行业特色，成为高等体育教育发展的主要任务。"古为今用""以史为鉴"是历史研究的主要目的，梳理高等体育教育发展史也是探究高等体育教育改革

❶ 杨贵仁. 全国普通高校体育专业改革与发展研讨会主题报告 [Z]. 广西桂林，2001.

❷ 麦可思研究院. 2010 年中国大学生就业报告 [M]. 北京：社会科学文献出版社，2010.

的前提和基础。纵观中国高等体育教育的发展历程，其在不同时期具有不同的发展特征。在发展过程中，高等教育既有成功案例也有失败教训。归纳和反思历史，有助于我们深刻认识影响中国高等体育教育发展的因素，寻求发展过程中存在的问题，了解发展过程中进行的改革与探索，评析改革发展的成与败。进而明确中国高等体育教育存在的问题和面临的时代挑战，分析中国高等体育教育应在哪些方面做出改革，应采取怎样的改革措施，有助于我们目的明确地寻求高等体育教育的改革策略，也有助于我们规避风险，别在高等体育教育的未来发展道路上犯之前犯过的错误。

1.2 研究的目的与意义

1.2.1 研究的目的

高等体育教育在改革开放以后 40 多年的时间内，经历了曲折的发展历程。在这过程中，中国高等教育既有改革发展的成功经验，也有尚未解决的制约高等体育教育发展的瓶颈性问题。本书将按照不同历史阶段对中国高等体育教育进行系统梳理，分析每一时期高等体育发展的特征，归纳中国高等体育教育在发展中取得的成绩与不足，从而使我们对高等体育教育、高等体育专业院校的发展史形成更加清晰和透彻的认识。

由此本书的研究目的在于：

1）明晰高等体育教育的基本概念和基本理论，为本书的研究奠定理论基础。高等体育教育概念的界定以及基本理论的研究是研究高等体育教育的基础，目前国内学者对于高等体育教育概念的界定尚未达成共识，理论研究尚有欠缺，因此本书从历史角度对高等体育教育概念进行梳理，分清主流意见，以确定高等体育教育的概念和基本理论。

2) 对中国高等体育教育发展进行历史回顾与现状分析, 梳理改革开放后高等体育教育发展史, 掌握改革开放之后高等体育教育发展历史脉络, 总结每一阶段的改革与发展、基本特征和发展成效。

3) 探求高等体育教育发展影响因素。通过对改革开放之后高等体育教育的发展历程进行梳理, 找出制约高等体育教育发展的因素。

4) 在分析中国高等体育教育发展历程的成效和问题的基础上, 结合当前高等体育教育发展面临的机遇与挑战, 提出高等体育教育改革与发展的走向。

1.2.2　研究的意义

1) 有助于厘清改革开放以来高等体育教育发展的历史脉络。改革开放以后, 中国高等体育教育经历了 40 多年的发展历史, 发展过程中既有反复和曲折, 也有改革与进步。全面梳理和总结中国高等体育教育进展, 能够帮助我们厘清改革开放以来高等体育教育发展的规律和脉络, 对我们从中反思历史、总结经验, 从而以更加合理的方式推动中国高等体育教育发展大有裨益。本书将对改革开放以来高等体育教育发展的历程进行阶段性分析研究, 归纳高等体育教育发展的历史特征, 并在此基础上总结高等体育教育发展的成就与问题, 探究高等体育教育发展面临的时代挑战, 这有助于我们更加深入的了解高等体育教育, 掌握推动高等教育发展的因素, 能够回答 "高等体育教育从何而来" 的根本问题, 真正确立中国高等体育教育研究的历史基础。通过大量政府文件和档案材料的梳理, 能够厘清改革开放以来中国高等体育教育的基本脉络, 分析发展进程中的重要转折, 为各种理论研究奠定经验基础。

2）对中国高等体育专业院校发展具有参考和借鉴意义。在新常态下，中国高等教育在管理体制、人才培养等方面进行一系列改革。作为高等教育的重要组成部分，高等体育教育也面临着重新定位办学目标和改变人才培养模式等众多新问题。面对这些问题，从历史学角度探寻中国高等体育教育的发展过程，分析发展过程中存在的问题，能为高等体育教育改革与发展提供借鉴与参考。因此本书对改革开放以后高等体育教育发展历程进行梳理，不仅有助于辨析新时期高等体育教育真实困境，还能够通过丰富的历史经验和深刻的历史洞见，指明高等体育教育发展的路径，以帮助我们更加深入和更具针对性地思考新时期推动高等体育专业院校发展的有效策略，探究提高高等体育专业院校的教学、科研水平的方式方法，从而使高等体育专业院校能够充分发挥自身的行业优势、学科优势，更好地服务于社会。

3）为高等体育教育管理机构（或管理者）进行改革提供参考。高等体育教育管理机构（或管理者）是影响高等体育专业院校的关键性因素。他们对高等体育教育的认识以及所采用的管理方式会深刻影响高等体育专业院校的发展。本书通过对国内外高等体育教育成功经验与历史教训、中国高等教育现实状况与改革举措等问题的研究，不仅可以帮助高等体育教育管理结构（或管理者）更加清晰地认识高等体育专业院校历史经验、已有成就和现实问题，还可以为他们进一步优化高等教育的管理方式，以及制定高等体育教育的相关政策提供一些思路和建议。

高等体育教育是高等教育的一个组成部分，其结构以及运转机制的确立离不开对高等教育本身概念和意义的认识。对于高等体育教育历史发展的认识同样脱离不了对高等教育宏观发展脉络的把握，对新形势下高等体育教育变革与发展的探索更离不开对高等教育本身发展规律和时代特征的把握。

2.1 中国高等教育发展历程研究

国内外学者从不同的视角对中国高等教育进行了深入的研究，丰富了高等教育研究内容，具体研究结果如下。

2.1.1 高等教育发展历史研究

国外学者从全球视野考察中国高等体育教育发展历程，为向世界展现中国高等体育教育的特色发展形态，探讨其独特的价值、地位和意义做出一定贡献。

日本学者大冢丰在《现代中国高等教育的形成》专著中对中华人民共和国成立初期中国高等教育的院系设置、办学体制、管理机制等多方面进行研究，指出国内高等教育否定原先的教会大学的教育理念，在学习和借鉴苏联模式的基础上，结合自

身特点形成了新的中国高等教育模式❶。加拿大学者许美德的
《中国大学（1895—1995）：一个文化冲突的世纪》主要从知识
分类（课程）、地理分布（体制与布局、大学自主化）、性别分
布三个方面对不同阶段的中国高等教育进行了分析，并着重指
出中央教育部门行政化集中管理最早起源于民国转型期❷。

在国内学者研究方面，谈松华在《中国高等教育改革与发
展研究五十年回顾》一文中将中华人民共和国成立以来高等教
育发展分为 20 世纪 80 年代以前、80 年代和 90 年代以来三个阶
段，并对各个阶段发展战略和宏观改革研究取得的进展和成果
进行总结，同时指出了存在的问题❸。

李均（2014 年）的《中国高等教育政策史（1949—2009）》
从国家高等教育宏观政策演变梳理及其内部形成机制分析入手，
归纳了中华人民共和国成立以来高等教育整体历程。在该书中，
中国高等教育国家政策嬗变历经"过渡、苏联模式引入、教育
大革命——'大跃进'、调整、'文化大革命'、恢复"六个阶
段，其形成受政治导向、经济驱动、文化冲突、国际借鉴、领
导意志、高等教育自身诉求六个因素影响❹。邓晓春（1999 年）
的《21 世纪初中国高等教育发展战略和布局结构的研究》一文
从科类、层次、形式、布局和管理体制结构五个方面探讨了中

---

❶ 大冢丰. 现代中国高等教育的形成 [M]. 黄福涛，译. 北京：北京师范大
学出版社，1998.

❷ 许美德. 中国大学（1895—1995）：一个文化冲突的世纪 [M]. 许洁英，
译. 北京：教育科学出版社，2000.

❸ 谈松华，诸平. 中国高等教育改革与发展研究五十年回顾 [J]. 高等教育
研究，1999（5）：42-46.

❹ 李均. 中国高等教育政策史（1949—2009）[M]. 广州：广东高等教育出
版社，2014.

华人民共和国成立到 1998 年中国高等教育结构的变迁过程❶。潘懋元在《改革开放 30 年中国高等教育思想的转变》一文中总结了改革开放 30 年来，中国高等教育在高等教育价值观、高等教育发展观和高等教育质量观等方面所取得的伟大成就，认为高等教育价值观逐渐由社会本位向社会发展与个人发展相统一方向发展，高等教育发展观由急功近利向追求可持续发展、科学发展理念转变，高等教育质量观由片面知识观向素质主导的多元化质量观转变❷。

2.1.2 高等教育结构研究

郝克明、汪永铨等（1987 年）编著的《中国高等教育结构研究》一书对 1949～1986 年中国高等教育层次、科类结构的发展变化和历史经验进行了研究，对中国经济社会发展所需要的专业人才的知识结构与能力结构进行了大量的调查研究❸。姚启和（1994 年）在《艰难的选择：突破苏联教育模式》一文中对中华人民共和国成立以来的苏联教育模式因素进行了分析，认为其存在的专业人才培养模式过于单一，管理体制高度集中，专业设置过多而口径越来越窄等弊端❹。谢维和等（2007 年）的《中国高等教育大众化进程中的结构分析》一书则以 1999～2004 年为历史背景，对中国高等教育的层次结构、科类结构和布局结构在大众化进程中的发展变化进行了实证研究，揭示了

---

❶ 邓晓春. 21 世纪初中国高等教育发展战略和布局结构的研究 [J]. 辽宁高等教育研究，1999（4-5）.

❷ 潘懋元. 改革开放 30 年中国高等教育思想的转变 [J]. 高等教育研究，2008，29（10）：1-5.

❸ 郝克明，汪永铨. 中国高等教育结构研究 [M]. 北京：人民教育出版社，1987.

❹ 姚启和. 艰难的选择：突破苏联教育模式 [J]. 高等教育研究，1994（2）.

各要素之间协调发展的机制和模式,以及高等教育规模和结构的相互关系,也揭示了高等教育结构的基本属性、功能、作用机理、发展变化的内在规律,以及与社会需求之间保持动态平衡的影响因素、内在机理和外部条件,并对中国高等教育大众化阶段的结构调整提出了初步的政策建议❶。其中,这些来自教育学视野的研究能够为高校体育学科领域从业者们反思高等体育教育提供更为丰富的理论视角、研究范式和历史研究经验。

2.1.3　高等教育发展的影响因素研究

朱艳(2012 年)的《中国高等教育结构变迁的基本特征分析》一文指出,制度变迁是促使中国高等教育结构变迁发生的重要因素❷。冯向东(2005 年)运用博弈论对高等教育发展的影响因素进行分析,指出高等教育市场化和办学自主化是构建有序、先进的高等教育系统的重要途径❸。

2.2　高等体育教育发展历史研究

中国高等体育教育发展既有高等教育发展的印记,同时又深受国家体育事业发展的影响,具有独特的行业特征。因此研究中国高等体育教育发展的历程既要从高等教育中寻找溯源,又要兼顾高等体育教育的特殊性。对于高等体育教育发展的回

---

❶ 谢维和,文雯,李乐夫. 中国高等教育大众化进程中的结构分析——1998—2004 年的实证研究 [M]. 北京:教育科学出版社,2007.

❷ 朱艳. 中国高等教育结构变迁的基本特征分析 [J]. 国家教育行政学院学报,2012 (2).

❸ 冯向东. 高等教育结构:博弈中的建构 [J]. 高等教育研究,2005 (5).

顾，在熊晓正、钟秉枢（2010 年）的《新中国体育六十年》❶
和黄浩军（2010 年）的《中国体育专业院校发展之路》两本论
著中均有涉及❷。

2.2.1 高等体育教育发展阶段划分及特征研究

马兆明（2014 年）在《中国高等体育专业院校发展历程回
顾与定位研究》一文中将中华人民共和国高等体育教育院校发
展过程划分为五个阶段，分别为初创（1950~1956 年）、探索发
展（1957~1965 年）、冲击停顿（1966~1976 年）、恢复发展
（1977~1985 年）和新探索发展（1986 年至今），并简要分析了
每个阶段的发展特征，以此来反思当下中国高等体育专业院校
发展定位问题❸。

2.2.2 高等体育教育体系结构研究

国内学者对于高等体育教育发展历程方面研究的主要内容
包括人才培养模式、办学理念、管理体制、学科专业设置等
方面。

在人才培养模式方面，谢雪峰（1999 年）在《从学习到改
革：中国体育高等教育与苏联模式》一文中指出：中华人民共
和国体育高等教育在其 50 年的发展历程中，曾有相当长的时间

---

❶ 熊晓正，钟秉枢. 新中国体育六十年 ［M］. 北京：北京体育大学出版社，
2010：157-362.

❷ 黄浩军. 中国体育专业院校发展之路：回顾与反思、时申与前瞻 ［M］. 北
京：北京体育大学出版社，2010：11-37.

❸ 马兆明. 中国高等体育专业院校发展历程回顾与定位研究 ［J］. 成都体育
学院学报，2014，40（6）：72-78.

沿袭苏联模式，并受到其正负两方面影响❶。该文将传统体育高等教育明确定性为"中国形态而苏联模式"，从体育人才培养模式、体育高等教育体制和体育高等教育模式三个方面揭示了旧有模式的弊端，并指出了相应的改革取向。柴建设（2012 年）在《论苏联教育模式对河南高校体育的历史影响》中对中华人民共和国成立后河南高校学习苏联教育模式后高校体育的总体特征进行了简要描述，从非体育专业院校的角度指出"高校内具有训练专长的教师向体委和产业专业队流动，造成高校训练水平下降，训练活动弱化"，侧面反映了体育师资和学生资源向体育专业院校集中的状况❷。

在办学理念与人才培养方面，陈宁（2005 年）的《论高等教育的改革对高等体育专业院校发展的影响》一文指出，高等体育专业院校作为高等学校的种类之一，在高等教育结构体系中有着独特的作用❸。高等教育的改革必然对高等体育专业院校发展产生影响。文中还指出，中华人民共和国成立以来，中国对高等教育体系和结构进行了两次大规模的调整。中华人民共和国成立之初，高等教育结构调整的主要思路是依靠专门化提高人才培养效率，创办高等体育专业院校是为了满足当时体育事业发展之急需。20 世纪 90 年代以来高等教育系统重组，更加重视高等教育的社会整体效益和长远效益；人才培养观上从重视专门化转向强调人才自由发展的可能性；在操作层面表现为通过合并向文、理、工学科齐全综合性大学发展，但同时也适

---

❶ 谢雪峰. 从学习到改革：中国体育高等教育与苏联模式 [J]. 武汉体育学院学报，1999，33（5）：11-15.

❷ 柴建设. 论苏联教育模式对河南高校体育的历史影响 [J]. 商丘师范学院学报，2002（5）.

❸ 陈宁. 论高等教育的改革对高等体育专业院校发展的影响 [J]. 成都体育学院学报，2005，31（5）：6-10.

度保留具有专业特色的单科性院校。陈宁在《论高等体育专业院校的办学定位》一文中认为高等体育专业院校在确定院校定位时，要注意分类指导，固好本位，防止错位❶。

在管理体制机制方面，鲍明晓在《论面向 21 世纪的高等体育教育》一文中系统地分析了 20 世纪中国高等体育教育在管理体制、教育教学体制和学校内部管理体制等方面的发展存在的问题，并提出整体设计分层推进，以体制改革为重点，以教学改革为核心，以增进内部管理为基本点，统筹规划，务求实效的改革策略❷。

在学科专业建设方面，李杰凯在《科学发展观引领下高等体育专业院校学科与专业建设问题的思考》一文中对学科、专业进行了界定，就学科与专业的关系、学科建设与专业建设等问题进行了剖析，探讨了中国高等体育专业院校学科专业建设的现存问题，并提出了建设性建议❸。

总之，国内相对高等教育层次的理论和实证研究，有关中国高等体育教育发展的研究并不多见，且研究方法和手段较为简单，缺少扎实的文献研究和实证调查，目前尚未有全面的整体性梳理。对于高等体育教育发展历程的研究尚属起步时期，相关表述和阶段划分多是基于现实体育专业院校发展反思而引发的，纯粹的基于历史档案和文献进行高等体育教育的专门研究出现频次不多，对于中华人民共和国成立以来体育高等教育的发展历程的研究更是匮乏。同时，高等体育教育概念确定的

---

❶ 陈宁. 论高等体育专业院校的办学定位 [J]. 成都体育学院学报，2008，34（1）：87-91.

❷ 鲍明晓. 论面向 21 世纪的高等体育教育 [J]. 北京体育师范学院学报，1999，11（2）：1-8.

❸ 李杰凯. 科学发展观引领下高等体育专业院校学科与专业建设问题的思考 [J]. 沈阳体育学院学报，2009，28（2）：1-5.

模糊性，以及中国较为独特的发展形态，都使得以往研究难以深入历史和现实问题的症结所在，也难以通过全球视野下的比较研究确立中国高等体育教育的独特价值和意义。因此，以历史研究和实证研究为基础，全面深入梳理和分析中国高等体育教育发展历程以及变革显得尤为必要。

2.3 小结

作为服务国家战略、发展体育事业、加强区域建设的中坚力量，高等体育教育的发展愈加受到学者的关注。目前国内学者对高等体育教育研究取得了一定的成果，但也存在一定缺憾。

1) 研究缺乏系统性。目前国内外学者对于国内高等体育教育的历史研究主要集中在某一历史时期，如 21 世纪以来的高等体育教育研究，而对于整个高等体育教育发展历程进行系统研究较少。辩证法的普遍联系原理告诉我们，现实世界的一切事物都是相互联系的，单一方面的研究容易导致认识的片面性。因此，用系统发展观念研究中华人民共和国高等体育教育发展历程，对厘清中华人民共和国高等体育教育发展规律，分析影响其发展的因素有重要的参考价值。

2) 研究内容缺失。目前有关中华人民共和国高等体育教育的研究成果中，本科层面高等体育教育内容研究较多，而对于硕士和博士层面的高等体育教育研究较少；针对管理体制机制、学科体系、课程设置的研究较多，而对于高等体育院系办学理念和目标定位研究较少。本科、硕士、博士三个层面的高等体育教育在管理体制方面具有一定的相同之处，但是在培养目标、专业课程设置以及人才培养模式方面具有一定的差异，因此应分别进行研究。大学办学理念是大学发展的灵魂，引领大学改革和发展，决定大学的管理体制机制和人才培养模式。国内外学者对于高等体育教育的办学理念和目标大都引用综合性大学的办学理念，高等体育教育作为高等教育的重要组成部分，其发展历史沿革与高等教育具有一脉相承的特点，但体育专业院校在办学理念方面也有其独特性，在研究高等体育教育过程中既要从高等体育研究中寻求本源又要考虑专业性特色。

3）研究缺乏连续性。现阶段对于高等体育教育的研究成果多为某一时期发展现状的研究，研究视角多为静态的，缺乏连续性研究。高等体育教育的办学理念具有传承性和稳定性特征，但同时又具有应变性特征。随着社会的发展，高等体育专业院校的办学理念和目标会应时而动，相应的专业课程设置也会随之改变，因此应以动态发展的眼光研究高等体育教育，既要对现状进行研究，又要对发展趋势进行探索。

4）实践性研究较多，理论性研究较少。目前对于改革开放以来高等体育教育的研究大多是针对发展状况进行描述，而对于现象背后的国家政策、社会需求和自身发展等内外环境研究则较少。内外环境变化是高等体育教育发展的原因，只有了解高等体育教育所处的内外环境，才能够对其发展趋势和应对策略进行科学分析，进而辨识高等体育教育发展策略的成与败。

5）调查对象范围较小。调查对象以单个或者几个学校为主，研究范围较窄，难以从整体范围把握高等体育教育的发展特点。

第3章 **研究对象与研究方法**

3.1 研究对象

本书的研究对象为改革开放以来高等体育教育发展历程，具体内容包括体育教育的目标定位，学科专业设置、管理体制以及人才培养方式等方面的发展现状、模式及趋势等❶；主要调查对象为国内 14 家高等体育专业院校。

3.2 研究方法

3.2.1 文献资料法

通过中国知网、EBSCO 期刊网、国家图书馆、北京体育大学图书馆搜索与本研究相关的论文、著作和学术报告；访问 14 家体育专业院校的网站，对各院校高等体育教育的发展目标及办学理念、专业设置、管理体制和人才培养等有关历史资料进行梳理分析。

---

❶ 本书研究的高等体育教育是狭义的高等体育教育，并不涉及综合性大学和师范院校中的体育院系。

3.2.2 访谈法

使用面谈和电话访问相结合的方式，访谈部分体育专业院校的领导以及高等体育教育专家。编写专家访谈提纲，了解高等体育教育发展存在的问题及发展思路。访谈专家见表3-1。

表3-1 专家访谈名单

专家名称	职称/职务	所在单位
曹莉	教授/院长	曲阜师范大学体育学院
崔乐泉	研究员	国家体育总局体育文化发展中心研究部主任
韩冬	教授/院长	山东体育学院
李杰凯	教授/副院长	沈阳体育学院
刘玉林	教授	北京体育大学
孙晋海	教授/院长	山东大学体育学院
谭华	教授	华南师范大学
王家宏	教授/院长	苏州大学体育学院
杨桦	教授/党委书记	北京体育大学
钟秉枢	教授/院长	首都体育学院

3.2.3 数理统计法

本书采用定量与定性相结合的研究方法，收集不同体育专业院校的学生、专业等方面的数据进行数理统计，并对数据进行处理分析，以提高结论的科学性。

3.2.4 比较研究法

不同高等体育专业院校的办学目标、学科专业、管理体制、人才培养方式在不同历史时期均存在较大差异，采用比较分析法探讨各时期、各院校高等体育教育发展的优势与不足，为中国高等体育教育发展提供借鉴经验。

3.2.5　个案分析法

对不同时期高等体育专业院校中一些具有代表性的个案进行深入分析，进而以点带面地对高等体育专业院校的整体状况作以了解。

3.3　研究思路

本书以改革开放以后高等体育教育的发展历程为研究对象，以中国 14 家专业体育专业院校为调查对象，就各学校高等体育教育的办学目标定位、学科专业设置、管理体制改革以及人才培养方式等方面内容的历史发展轨迹进行研究，分析高等体育教育发展过程与趋势，总结其发展经验，为高等体育教育改革提供经验和借鉴。

本书的研究路线主要沿以下脉络进行（见图 3-1）：

第一，针对当前中国高等体育教育发展存在的问题确定高等体育教育历史发展研究的问题。

第二，分析改革开放以来不同阶段高等体育教育的发展模式，探讨不同阶段高等体育教育进行的改革与创新探索。

第三，梳理改革开放以来高等体育教育的发展历程，总结其成功经验与失败教训，为当前高等体育教育改革提供借鉴和启示，以促进中国高等教育的发展。

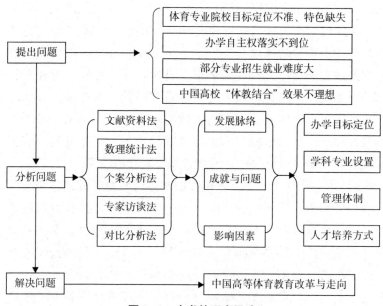

图 3-1　本书的研究思路

3.4　本书的创新点、重点和难点

3.4.1　创新点

1）本书有助于丰富高等体育教育理论体系，提升高等体育教育的理论化程度。当前国内学者对于高等体育教育的研究主要集中在实践层面，而对于高等体育教育的基本概念和基本理论研究较少。本书通过梳理历史文献，厘清高等体育教育的概念、功能、属性及影响因素，能改善当前高等体育教育理论匮乏、概念不清的局面，有助于充实高等体育教育的相关理论。

2）弥补缺少改革开放之后高等体育教育发展历程研究的缺

憾。当前国内学者对于高等体育教育进行了大量的研究，但从历史学角度对高等体育教育进行的研究则较少，缺少对高等体育教育发展历程的梳理与反思。本书对改革开放后高等体育教育的发展史进行研究，有助于拓展当前高等教育研究的视野和领域，丰富高等体育教育研究的成果与经验，弥补缺少改革开放以来高等体育发展史研究的缺憾与不足，完善中国高等体育教育发展史，从而帮助我们总结和反思历史，在充分吸取历史经验和教训的基础上促进当前高等体育教育的改革。

3）本书以多学科的视角研究高等体育教育，有助于全面了解高等体育教育发展过程，深入解析中国高等体育教育发展的瓶颈性问题及根源，有效提高了研究成果的可用性。本书从管理学、历史学、社会学角度，借助多个学科的多种理论研究高等体育教育，有助于我们全面了解中国高等体育教育的发展历程，了解不同教育理念和不同社会背景下高等体育教育的发展模式，剖析那些制约高等体育教育发展的瓶颈性因素，发现潜藏在高等体育教育背后的问题，以推动现代高等体育教育的改革。

3.4.2 重点

基于历史的视角，通过收集国内有关高等体育教育的历史文献、实地调查、访谈等方法，梳理改革开放以来高等体育教育的发展历程，并对其发展特征及经验进行总结分析。

1）结合中国社会发展的历程以及高等教育的发展状况，对改革开放以来高等体育教育发展历程进行阶段划分，为改革开放以来高等体育教育发展历程研究提供理论基础。

2）改革开放之后高等体育专业院校的发展历史。具体内容包括中国高等体育专业院校办学目标定位的历史沿革，高等体育教育管理体制的变化，高等体育教育学科体系以及专业设置的沿革，中国高等体育教育人才培养方式的沿革。

3）改革开放之后不同时期高等体育教育的发展及其阶段特征。包括精英化阶段高等体育教育的发展与改革，大众化阶段高等体育教育的发展模式。

4）改革开放之后高等体育教育发展的成就与问题。在上述研究的基础上，总结与反思中国高等体育教育进行的改革，评析中国高等体育教育对中国政治、经济、社会以及体育学科发展所做的贡献，探析制约高等体育教育发展的主要原因和关键因素，为高等体育教育改革提供借鉴和启示。

3.4.3 难点

1）高等体育教育的基本概念和理论的研究。高等体育教育基本概念和理论的界定与研究是本书进行后续研究的基础。到目前为止，国内学者对于高等体育教育的概念界定尚未有统一的定论，对高等体育教育的理论研究也比较薄弱，这就更加凸显了对高等体育教育的概念和理论分析的必要性，同样也增加了本书研究的难度。

2）中国高等体育教育的发展状况分析。改革开放以后高等体育教育进行了一系列的改革与发展，高等体育教育的各个方面都发生了很大的变化。所以，梳理中国体育教育在改革开放后的发展史，了解中国高等体育教育这一时期进行的探索与创新，就显得尤为重要。然而，由于时间跨度比较大，再加之涉及的调查对象比较多，要想清晰地呈现改革开放后高等体育教育的发展脉络并非易事。所以，梳理改革开放后中国高等体育教育的发展状况是本书另一个难点问题。

3.5 高等体育教育的研究时限、概念、要素

3.5.1 研究时限界定

本书对于高等体育教育的研究时限主要为改革开放以来的发展历程，研究起点时间界定为 1978 年 12 月召开党的十一届三中全会，会议在思想、政治、组织等方面全面拨乱反正，纠正了"文化大革命"的错误思想，确立了马克思主义实事求是的思想路线；恢复民主集中制；实行改革开放新政策，启动社会主义现代化建设的新进程。此一时期的政治、经济、思想的发展促进了高等教育的发展，高等体育教育也呈现出复苏景象，步入发展的新征程。

本书的研究时间下限为 2015 年《统筹推进世界一流大学和一流学科建设总体方案》（以下简称《总体方案》）文件的出台。《总体方案》要求"按照'四个全面'战略布局和党中央、国务院决策部署，坚持以中国特色、世界一流为核心，以立德树人为根本，以支撑创新驱动发展战略、服务经济社会发展为导向"，坚持"以一流为目标""以学科为基础""以绩效为杠杆""以改革为动力"的基本原则，加快建成一批世界一流大学和一流学科。《总体方案》的出台为各类高校的发展指明了方向，高等体育教育进入了发展的新时期。为了探讨《总体方案》指导下的高等体育教育发展态势，本书的部分内容时限延伸到 2017 年。

改革开放以来中国高等体育教育发展经过了恢复、改革和跨越式发展三个阶段。从 1978 年党的十一届三中全会到 1985 年 5 月第一次全国教育工作会议是中国高等体育教育恢复与调整阶段，此阶段主要任务为"拨乱反正"，恢复发展"文化大革命"

期间停办的体育专业院校，为 1985 年以后全国高等体育教育改革发展打下基础，具有划时代意义；1985 年到 1999 年 6 月第三次全国教育工作会议召开之前是中国高等体育教育规范与改革阶段，此阶段高等体育教育主要进行管理体制改革，注重规模、结构、质量、效益协调发展；1999 年之后是中国高等体育教育扩张与优化阶段，此时期是中国高等教育有精英化向大众化转变的时期，高等体育教育进入快速发展阶段。

3.5.2 高等教育与高等体育教育的概念

1. 高等教育

《教育大辞典》将"高等教育"界定为：中等教育以上程度的各种专业教育及少量高等教育机构设置的一般教育课程计划所提供的教育。❶ 熊明安的《中国高等教育史》❷ 中界定的概念为："高等教育是学校教育体制中的高级阶段的教育，是受过中等教育或具有中等文化的人进入高一级学校所接受的一种专门教育，是一种传授和学习高深的知识与技能，进行高级职业能力和高级道德规范、行为训练的教育。它把高深知识、技能的传授与职业训练同对该职业的研究、运用结合起来，把伦理道德的理论教育同形成一定的世界观和行为训练结合起来，以为居于统治地位的阶级培养统治人才、技术人才、管理人才。"1962 年，联合国教科文组织对高等教育作了如下谨慎的诠释："高等教育是指大学、文学院、理工学院和师范学院等机构所提供的各种类型的教育，其基本入学条件为完成中等教育，一般入学年龄为 18 岁，学完课程后授予学位、文凭或证书，作为完

---

❶ 顾明远. 教育大辞典（第三卷）［M］. 上海：上海教育出版社，1991：3.
❷ 熊明安. 中国高等教育史［M］. 重庆：重庆出版社，1983.

成高等学业的证明。"❶ 综上所述，高等教育的概念主要包含三个层面：①教育对象，针对接受过中等教育的人才进行的进一步教育；②教育机构，包括大学、专门学院和专科学校；③教育目标，为国家培养高级专门知识的人才。

2. 高等体育教育

结合高等教育的概念以及高等体育教育的特性，高等体育教育的概念可以从广义和狭义两个层面予以理解。广义的高等体育教育指培养体育专门人才的高等教育，在中国主要存在于独立的体育大学或学院和师范院校的体育系科中；狭义的高等体育教育专指在专门的体育大学中进行的教育。

3.5.3 高等体育教育的构成因素

高等教育作为社会系统的一部分，其自身也是一个复杂的系统，它是由许多与高等教育相关联的因素构成的。构建"高等教育体系"可从多视角进行探讨，其构成因素的选取也可以是多种组合。从宏观上讲，高等教育体系主要包括教育思想、教育结构、教育制度、教育体制等基本因素❷。其中教育思想是对高等教育功能、价值的反映，涉及教育是什么、教育为什么的问题；教育结构分为层次结构、科类结构、布局结构；教育制度包括学制制度、招生制度以及学历和学位制度；教育体制主要是教育系统内的机构设置、隶属关系、权限职责等划分方面的体系和制度的总称。狭义的高等教育体系主要包括办学目标、管理体制、人才培养方式、学科建设、专业设置等。

---

❶ 简明不列颠百科全书（中文版）[M]. 北京：中国大百科全书出版社，1987.

❷ 袁相碗. 试论构建高等教育体系的基本要素 [J]. 江苏高教，1997（1）：3-8.

　　高等体育教育作为高等教育的主要分支，其发展与高等教育一脉相承，组成因素也与高等教育相一致，因此本书主要从办学目标、管理体制、学科建设专业设置、人才培养方式四个方面进行研究。

1．办学目标

　　办学目标是办学的目的或者发展方向。办学目标决定体育学校的办学类型、层次，对学校的发展具有导向性作用。办学目标定位不准，容易造成高等体育教育资源的浪费，也会影响办学的质量和效益，给高等体育教育事业带来极大的损失，甚至影响高等体育专业院校的生存。高等体育专业院校办学目标定位主要包括办学方向和目标定位、办学类型和层次定位，以及办学水平和办学特色定位三个层面。

　　第一，办学方向和目标定位。这主要指高等体育专业院校在整个高等教育系统中位置定位的战略选择。高等体育专业院校办学方向和目标定位主要包括发展方向、职能选择等。高等体育专业院校应立足体育，服务体育，以社会、经济、体育事业发展为导向，发挥教学、科学研究、社会服务三项职能，为国家培养体育专门人才。

　　第二，办学类型和层次定位。办学类型是以高等体育专业院校在教学、科研、训练三方面的结合点以及偏重程度进行的划分，当前中国学者把高等院校大致分为教学型、教学研究型、研究教学型、研究型四种类型。高等体育专业院校办学层次主要是指高等体育专业院校的分层问题。不同的体育专业院校历史、文化各不相同，级别也就自然不同。高等体育专业院校的办学层面主要分为学历教育层面、发展目标定位层次等。

　　第三，办学水平和办学特色定位。办学水平和办学特色是指高等体育专业院校自身的实力及发展的目标，主要包括学科定位、服务区域定位和运动项目定位等。高等体育专业院校结合自身所处的社会环境、经济条件以及办学条件等重点发展某些专业或运动项目，使其在行业内处于领先地位，突出办学特色。

2. 管理体制

高等教育管理体制是指中央和地方行政组织机构的设置、隶属关系和相互间的职权划分，以及政府主管部门和高等学校的关系。本书主要从内外两方面对高等体育教育管理体制进行分析与探讨，即高等体育专业院校的外部管理体制和内部体制，其中外部管理体制包括管理机构设置、职责划分和管理结构布局，内部管理体制主要为自主办学的权限。

3. 学科建设专业设置

学科即一定科学领域或者一门科学的分支。以研究对象和研究方法为标准，学科可以划分为门类、类别、一级学科、二级学科、三级学科以及研究方向六个层次。专业是指高等学校以社会专业分工的需求为依据设置的学业类别。学科是高等体育专业院校实现教学、科研以及服务社会三项职能的基础平台，是学校发展水平的重要标志之一，而专业是高等体育专业院校进行人才培养的基本单位，也是进行教学管理的基本形式。

学科建设和专业设置是高等体育专业院校的重点发展领域，两者密切相关、相辅相成。其中学科建设是学校发展的龙头，代表学校的办学水平，并为专业设置提供理论和实践知识支持；专业设置是学校实现办学目标的基本单位，专业的发展推动学科的创新，为学科发展提供原动力。

4. 人才培养方式

高等体育教育人才培养是一个复杂的系统工程，主要由培养目标、培养主体、培养客体、培养途径、培养模式和培养制度六个因素构成❶。其中培养目标是指"培养什么样的人才"，是对培养对象的知识（技术）水平、能力水平、职业适应方向等做出的具体要求，对体育专业院校而言是指对"四员"（教员、教练员、运动员、裁判员）以及新型体育人才培养的质量和水平的要求；培养主体主要是指"由谁培养"的问题，具体指体育教育执行者和管理者，包括体育教师、体育管理人员等；培养客体是指"培养谁"的问题，高等体育教育与高等教育不同，培养对象不仅局限于大学生，还有专业运动员、教练员等；培养途径主要是指高等体育教育的课程设置、学时安排、学术交流等；培养模式是指人才培养所采用的特定形式，如课程安排、授课方式、考试形式等；人才培养制度是界定培养主体与客体之间权利义务关系的行为规范和制度保障。

---

❶ 王晓辉. 一流大学个性化人才培养模式研究 [D]. 武汉：华中师范大学，2014.

第4章

恢复与调整阶段高等体育教育的发展（1978~1985年）

4.1 社会背景

任何事物的发展与其所依存的环境息息相关，高等体育教育作为人类主体性活动的智慧结晶，它的发展与环境发展紧密相连，并与环境相互影响。高等体育教育发展的环境主要有社会经济、教育事业、体育事业、政治文化等，其发展变化不断影响高等体育教育的改革与发展。

4.1.1 社会主义政治经济建设的战略转移

1976 年 10 月，"四人帮"被粉碎，"文化大革命"结束。但是，这时的中国经济萧条，百废待举，各行业发展面临巨大困难。在 1978 年党的十一届三中全会上，全面纠正"文化大革命"和之前的"左"倾错误，并作出了把党和国家的工作中心转移到经济建设上来，实行改革开放的历史性决策。自此中国进入了新的历史发展时期。在邓小平同志的正确指引下，我们党推行了改革开放的发展策略，经济建设走上了健康发展的轨道，国家在政治和经济上都表现出很好的形势。进入 80 年代，以邓小平同志为核心的党中央推行了以经济建设为重心的政治体制、科技体制和教育体制改革，推动了社会的全面发展，国民生产总值由 1977 年的 3201.9 亿元、人均生产总值 339 元，上升到 1985 年的 8989.1 亿元、人均生产总值 853 元。国民经济的快速发展，为教育事业的发展提供了良好的经济基础，同样也对高等体育教育人才培养提出了更高要求。

4.1.2　教育界的拨乱反正与初步改革

党的十一届三中全会以后，中国高等教育经过拨乱反正，对高等教育教学秩序、教学体制、学科专业设置等进行了一系列改革，高等教育进入了快速发展阶段。

恢复和整顿教学秩序是改革开放初期教育界的首要任务。1977 年，邓小平同志恢复党内外职务，并主管科技和教育工作，兼管体育工作。在他的直接推动下，国家纠正了"文革"时期否定知识分子和"两个估计"的错误教育路线，恢复高等学校统一招生考试制度。面对落后、贫困的基本国情，邓小平同志提出了建设有中国特色的社会主义理论，并将教育改革与发展纳入社会主义现代化建设整体规划之中。他指出当前社会主义初级阶段的主要任务是发展生产力，而科学技术即是第一生产力，并提出"实现现代化，关键是科学技术，不抓教育不行"。邓小平同志多次在教育、科技会议上强调"尊重知识、尊重人才。要反对不尊重知识分子的错误思想。要重视知识，重视从事脑力劳动的人，要承认这些人是劳动者。"❶ 还提出教育优先发展的战略思想。1983 年，邓小平同志为北京景山学校题词：

---

❶　陈建新，赵玉林，管前. 当代中国科学技术发展史［M］. 湖北：湖北教育出版社，1994：264-266.

"教育要面向现代化、面向世界、面向未来。""三个面向"是邓小平同志在深入思考中国国情与国外教育发展趋势的基础上对教育发展提出的要求，为高等教育改革与发展指明了方向。

进入 20 世纪 80 年代，随着中国教育的不断发展，原来的教育体制已经不能适应教育的发展。1984 年，中共中央颁布了《中共中央关于教育体制改革的决定》（以下简称《决定》），总结了中华人民共和国成立以来中国教育的经验与教训，并借鉴国外先进经验，对教育的思想、体制、结构、内容等各方面提出了改革发展的新思路。《决定》指出，随着经济体制的改革与发展，科技体制和教育体制的改革越来越成为迫切需要解决的战略性任务，并要求在今后发展过程中要扩大高等学校的办学自主权，改善教育结构，改革劳动人事制度。《决定》中的这些指导意见解放了高等教育的发展思想，为高等学校发展提供了依据。

1982 年，教育部组织学者和专家进行了第二次专业目录调整修订。此次专业目录调整以学科为分类标准，以拓宽专业口径、增加交叉专业设置为基本原则，对专业设置进行改革，这对于改变改革开放初期存在的专业设置混乱现象具有重要意义。

4.1.3　体育事业的恢复与发展

改革开放初期，中国在国际体育领域内也有所突破。1979年 10 月 25 日，经过各方面的长期努力，在日本名古屋举行的国际奥委会执委会议上一致同意恢复了中国在国际奥委会的合法席位。同年 11 月 27 日，中国奥委会主席钟师统宣布接受国际奥委会恢复中国奥委会合法席位的决议，并参加 1980 年举行的奥运会。自此阻碍中国体育与世界体育联系的屏障被打破，为中国体育登上世界舞台、走向世界铺平了道路。但是经过"文化大革命"的浩劫，中华人民共和国成立以来建立的竞技体育训练体系和组织管理体制遭到破坏，竞技训练水平严重落后于国际水平，加上 1980 年参加奥运会的任务迫在眉睫，因此加快发展竞技体育成为体育事业"走向世界"的关键点。1980 年 1 月举行的全国体育工作会议上，原国家体育主任王猛提出"中国体育健儿冲出亚洲、走向世界。到奥运会去，是我们向世界体育高峰进军的新起点。"❶ 为了实现在奥运会上为国争光的目标，1983 年 2 月在北京召开的全国体育工作会议提出了"社会力量办体育、竞赛体制改革和训练体制改革"的建议，并在会后向国务院提交了《关于进一步开创体育新局面的请示》，指出："体育战线改革势在必行……改革应当有利于调动社会各方面办体育的积极性，有利于推动体育的普及和攀登世界体育高峰，有利于促进社会主义精神文明建设。"这次体育工作会议推动了20 世纪 80 年代的体育事业改革，为体育事业的发展指明了方向，同时对体育专业院校服务竞技体育提出了要求，需要适当调整办学目标定位和学科专业设置，改善教师队伍知识结构，为体育事业培养发展所需的专门人才。

改革开放初期，中国体育人力资源也处于紧缺状态。第一，学校体育师资数量少、水平不高。据 1979 年的调查统计显示，北京市小学教师受过专业训练的不足 10%，辽宁、吉林、广东 3个省以及湖北省武汉市的中、小学体育教师受过体育专业教育和文化程度相当于初中或者高于初中文化程度的占 12.2% 和82.7%❷。第二，体育专业教练员文化水平不一。整体而言，教练员队伍水平较高，但是部分教练员文化程度较低，他们没有

❶ 国家体委. 中国体育年鉴（1949—1991）[M]. 北京：人民体育出版社，1993：230.

❷ 胡靖平. 中国小学体育师资培养途径的研究 [J]. 体育成人教育学刊，2004，3（4）：20-23.

受过系统的专业理论学习，训练思想和理论水平低，部分教练员甚至制订计划和编写教案都存在困难。根据 1978 年的调查统计显示，全国 2468 名基层教练员中，大专及以上文化程度为 445 人，占整体的 16.8%，初中、小学文化程度的为 938 人，占总数的 35.4%。第三，科研人员紧缺，质量参差不齐。根据 1978 年的调查显示，中国从事体育科研的人员仅有 193 人，其中大专文化程度人员为 116 人，其他为中专程度，甚至更低。第四，体育管理人员业务水平不高。在改革开放初期，中国体育管理岗位人员存在业务水平较低或者转行从事体育管理工作的问题❶。体育教师、教练员、科研人员以及体育管理人等体育高级人力资源的紧缺，严重制约体育事业的发展。解决这些问题的一个关键因素是发挥体育专业院校的职责，培养优秀的体育专业人员。

4.2　改革与发展

　　"文化大革命"给中国高等教育事业带来了沉重的打击，高等体育专业院校也遭受了摧残和破坏，高等体育教育事业发展处于停滞状态。"文化大革命"之后，随着中国全面实行改革开放，高等教育事业得到全面恢复和整顿，高等体育专业院校也进行恢复和改革，进入了一个新的历史发展时期。

4.2.1　办学目标："三结合"办学思想的首次提出

　　改革开放初期，随着国家发展战略的需求、国际奥委会合法席位的恢复以及参加竞技体育发展的需要，发展竞技体育事业、培养竞技体育人才成为高等体育专业院校的重要职责。

---

❶ 刘秀政. 黄中纪念文集 [M]. 北京：奥林匹克出版社，1999：299.

1979 年原国家体委下发了《国家体委关于大力提高教育质量，充分发挥体育学院在发展中国体育事业中的作用的通知》，提出了服务竞技体育和奥运会的思想，培养师资、教练员和优秀运动员成为高等体育专业院校的主要职责。在此时期各学校相继成立了竞技体校，开创了体教结合的新模式，完善了体育专业院校服务体育事业的职能。1980 年原国家体委在厦门举行的全国体育学院工作会议提出了"创造条件，把体院逐步办成教学、训练和科研三结合的中心"的指导思想，除培养师资、教练员、优秀运动员之外，培养科研人员成为高等体育专业院校的新增职责❶。1981 年原国家体委下发《关于下达北京等六所体育学院的任务、规模、专业设置、系科设置、修业年限和培养目标的通知》，对六所直属体育专业院校的办学进行了统筹规划，将直属体育专业院校划分为三种类型，分别为北京、上海和另外四所体育专业院校，并根据类型划分设置不同的办学目标定位❷。

　　北京体育学院的主要办学目标定位为：①面向全国培养高水平的教师、教练员、科研人员、体育干部和优秀运动员；②培训在职体育教师、体育干部和优秀教练员；③招收外国留学生、进修生和研究生；④研究、引进国外新兴学科，丰富国内体育学科体系；⑤收集、引进、翻译和研究国外体育专业的教学计划、教学大纲和教材等教学资料，并向国家体委提出推广、使用的建议。相对于北京体育学院，上海体育学院服务区域面向华东地区，办学目标定位比北京体育学院少第④⑤条；另外四所直属体育专业院校办学定位比北京体育学院少③④

---

❶ 刘秀政. 黄中纪念文集［M］. 北京：奥林匹克出版社，1999：299.
❷ 国家体委科教司. 现行高等体育教育文件汇编（1980—1992）［M］. 北京：北京体育学院出版社，1993：179-189.

⑤条，服务区域也有所不同。

在原国家体委和地方政府的领导下，直属体育专业院校办学目标定位大都由原国家体委和地方政府统一设置，具有计划性特征，学校缺少自主权，部分体育专业院校存在办学目标理念不清、定位不准的问题。

围绕原国家体委"三结合"的办学思想，地方性体育专业院校结合各自学校的工作经验以及国内、地方的实际情况，提出了各自的办学目标定位。以山东体育学院为例，1979 年，山东体育学院提出了"在新的形势下，体育学院应成为体育教学、运动训练和体育科研的中心，不仅为国家培养体育师资，还要为国家培养优秀的运动员……在一个省一个地区，可以把体育学院和体工队、体育科研所三套班子统一起来"的办学目标定位，并设想了体育学院、体工队、体育科研所"三结合"的方案。1981 年，山东体育学院将办学目标定位确定为"培养体育教师、专项教练员、科研人员和体育工作干部，出优秀运动员，逐步成为我省体育教学、训练和科研的中心"。❶ 但是受各种影响，山东体育学院设想的体育学院、体工队、体科所"三结合"管理体制没有得到贯彻执行，"三结合"无果而终。其他地方性体育专业院校的办学目标也存在定位模糊，执行困难等问题。

4.2.2　管理体制：高等体育专业院校的直属型与地方型管理模式并存，形成"6+8"的管理格局

1953～1954 年，原中央体委（后改为原国家体委）为了发展全国体育运动事业，培养体育专门人才，先后筹备组建了中央体育学院以及中南、西北、东北和西南等六所独立建制的专

---

❶ 山东体育学院校史编审委员会. 山东体育学院校史 [Z]. 山东体育学院内部资料，2008.

科性体育学院，并与高等教育部及下属部门管理的综合性大学和师范院校下设的体育系、科结合，形成了两套独立的高等体育院系管理体系。

"文化大革命"之后，原国家体委、教育部和地方政府根据1979 年 9 月教育部《关于建议重新颁发〈关于加强高等学校统一领导、分级管理的决定〉的报告》文件精神，恢复了"文化大革命"之前的"中央集权和地方分权相结合"和"中央统一领导，中央与地方两级管理、分级负责"管理体制，并对各类高等体育专业院校的隶属关系进行了调整，具体划分如下：国家体育总局管辖北京、上海、武汉、沈阳、西安和成都六大体育学院；地方政府管辖的八所独立设置体育专业院校包括北京体育师范学院（后改为首都体育学院）和广州、天津、哈尔滨、南京、福建、吉林、河北的独立体育学院。这就形成了国家体育总局直属型和省级地方政府主管型两种管理模式的体育专业院校。

4.2.3 学科与专业发展

1. 体育学划归教育学门类

改革开放前，中国高等体育教育学科体系经历了"运动项目—课程—初建专业—专业化"发展阶段。截止到"文化大革命"之前，中国的学科建制主要以体育理论、运动生理学、运动解剖、体育卫生为主。在"文化大革命"期间中国的教育和体育事业遭受巨大创伤，体育学科体系建设处于停滞状态。"文化大革命"之后，特别是 20 世纪 80 年代，体育学科进入快速发展期，一批学者对体育的本质、体育的学科属性、体育与其他学科体系的关系等问题进行了深入探讨，运动解剖学、运动生理学、运动生物化学、运动生物力学、学校体育学、体育史学等学科逐步完善，运动训练学、体育法学、体育伦理学、体育哲学等学科初创，体育学科体系逐渐发展壮大。1983 年，国务院学位委员会办公室颁布《高等学校和科研机构授予博士和硕士学位的学科、专业目录（试行草案）》，体育学划归于教育学门类之下，并具体划分了 12 个分支学科（见图 4-1）。❶

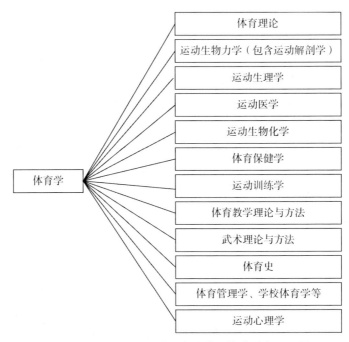

图 4-1　1983 年体育学研究生学位的学科专业设置

2. 新兴学科的孕育与分化

（1）运动训练学学科的独立

中国对于运动训练理论研究开始于 20 世纪 50 年代，此时期

---

❶　国务院学位委员会. 国家教委. 授予博士、硕士学位和培养研究生的学科、专业目录［Z］. 1990. http://law. baidu. com/pages/chinalawinfo/4/16/f2a8b03b8f0f1eb7c07c6cbe9e0f0ca6_ 0. html.

的研究内容主要为运动负荷、训练周期等。60年代，中国体育科研工作者和教练员在训练实践的基础上，结合国外运动训练理论，对运动训练的方法、原则、周期等进行论述，并作为"体育理论"课程的部分内容在体育专业院校本科教学中呈现。70年代，苏联、民主德国、日本、英国等国家的训练学理论被逐步引进国内，促进了中国运动训练学理论的快速发展。与此同时运动训练理论以独立的篇章编入体育专业院校"体育理论"课程的教材。

北京体育学院在1982年8月聘请联邦德国科隆体育学院葛欧瑟教授来华讲授"运动训练"课程，促进了中国运动训练学的发展；聘请运动训练方面的专家——苏联莫斯科中央体育学院马特维耶夫教授讲学，引进了著名的"周期训练理论"。随后，6所国家体育总局直属体育专业院校和8所地方体育专业院校开设了"运动训练学"课程。此时，运动训练学已从体育理论分化成为一门独立学科。1985年，北京体育学院成立了第一个运动训练学教研室。

在教材建设方面，改革开放前中国有关运动训练学的书籍主要以苏联译著为主，如卡列金的《运动训练问题——运动员的身体训练》（1962年）。20世纪80年代开始，国内有关运动训练方面的编（专）著的数量逐渐增多（见表4-1），研究的内容也由以前的训练原则、训练负荷等内容扩展到运动选材（原国家体育委员会科技教育司《优秀青少年运动员科学选材研究》）、运动训练控制（吴志超《控制论与教学训练》）等[1]。另外，国外学者的译著也在增加（见表4-2），这时国内学者对于运动训练的关注不再局限于苏联，美国、德国等国家的训练

---

[1] 黄汉生. 中华人民共和国体育科技发展史［M］. 北京：科学出版社，2010.

理论被逐步引入国内❶。

表 4-1　1978~1985 年运动训练学国内教材出版情况

著作名称	编、著者	出版年份	出版单位
《控制论与教学训练》	吴志超	1981	北京体育学院
《运动训练学讲义》	徐本力	1982	上海体育学院
《人体运动负荷的研究》	安朝臣	1983	人民体育出版社
《优秀青少年运动员科学选材研究》	国家体育委员会科技教育司	1983	国家体育运动委员会科教司
《运动训练学》	中国体育科学运动训练学学会组	1983	中国体育科学学会运动训练学学会
《运动训练学选讲》	田麦久，等	1983	江苏体育科学研究所
《青少年业余训练》	过家兴，等	1985	北京体育学院出版社

表 4-2　1978~1985 年运动训练学国外译著引进情况

著作名称	著者	译者	出版年份	出版单位
《控制论与运动》	佩特罗夫斯基		1982	人民体育出版社
《运动训练学》	葛欧瑟	田麦久	1983	北京体育学院教务处
《计算训练法》	詹姆斯·加德纳，等	金嘉纳，等	1983	人民体育出版社

---

❶ 黄汉生. 中华人民共和国体育科技发展史［M］. 北京：科学出版社，2010.

续表

著作名称	著者	译者	出版年份	出版单位
《少年运动员训练控制原理》	纳巴特尼科娃	刘志贤，等	1984	江苏体育科学学会
《实用运动训练心理学》	T. A. 塔特科，等	沈爱如，等	1984	人民体育出版社
《运动训练的恢复问题》	戈托夫采夫，等	郭廷栋	1985	江苏体育科学学会
《训练学》	迪特里希·哈雷	蔡俊五	1985	人民体育出版社
《身体训练》	霍克		1985	武汉体育学院
《运动员的意志训练》	查罗夫		1985	人民体育出版社

（2）体现中国特色的体育管理学、学校体育学等体育社会学科的创立

中国体育社会学科自 19 世纪发端以来，在很长一段时间内以教育学理论的一个研究领域呈现。中华人民共和国成立后，特别是党的十一届三中全会以来，中国体育社会学科进入快速发展时期，多门社会学科移植到体育领域，形成新的体育学科。体育社会学科逐步实现由单学科向多门边缘交叉学科转变。

中国对于体育管理学的研究最早出现在 20 世纪 30 年代，当时以"体育行政课"形式在部分体育院系开设。20 世纪 80 年代初，中国创立了具有中国特色的体育管理学。1984 年中国第一本《体育管理学》教材出版，1985 年武汉体育学院和北京体育学院相继开设了体育管理本科专业。自此，中国体育管理学学科体系逐步成熟和完善。

在 20 世纪 80 年代前，中国有关学校体育方面的知识内容主要在体育理论学科知识体系中呈现。在 20 世纪 80 年代以后，随

着中国体育教育事业的发展，越来越多的学者加入到学校体育学的研究中，实践经验和科学研究成果越来越多。1983年，《学校体育学》专著出版，为这一学科的发展奠定了基础，并在体育学科体系中占据了一席之地。

3. 体育系科与专业调整

在系科设置方面，中华人民共和国成立时，中国的高等教育只设院、系，不分专业。1957年，中国高等体育专业院校开始设置体育系和运动系。1958年，中国体育专业院校行政体系开始发生重大变化：撤销体育系和运动系，采取按专项分系的方法，成立体操系、田径系、球类系、武术系（包括武术、举重、摔跤和拳击等专业）、水冰系、体育理论系等。1963年，部分体育专业院校开始恢复体育系和运动系。到1980年之前，中国高等体育专业院校院系设置处于按照体育系和运动系或按项目设系的混乱阶段。1980年，全国体育学院工作会议对全国体育专业院校的系科和专业设置进行了调整，设置体育系、运动系、基础理论系和运动医学系。

在专业设置方面，在20世纪50年代高等体育专业院校建校初期经历了不分专业到分设体育教育和体育运动专业的时期。60年代主要按照"体育学科+运动专项"的划分方式进行专业设置，主要包括：体育教育、田径运动、体操、球类运动、游泳、水上运动、武术、运动保健（试办）等专业。1980年的全国体育学院工作会议提出了"调整、改革系科、专业和学制"的要求，体育专业院校开始设置体育教育、田径运动、体操、篮球、排球、足球、乒乓球、游泳、武术、运动解剖、运动生理、运动医学、运动生物力学和运动生物化学等专业（见图4-2），但各体育专业院校对本校的专业设置没有具体调整，名称不统一、设置混乱等现象仍然存在。

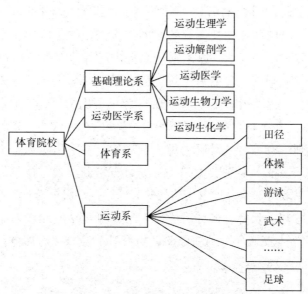

图 4-2 体育专业院校院系设置概况

4.2.4 人才培养方式

1. 优秀运动员人才培养目标的恢复

在改革开放以前，中国高等体育专业院校的办学方向经历了多次变动。中华人民共和国成立初期以培养体育师资为主要办学方向，1957 年增设培养高水平运动员和教练员的职能。1961~1979 年，由于竞技体育举国体制的形成，"三级训练"体系逐步建立和完善，培养优秀运动员的任务不再由高等体育专业院校承担，因此高等体育院系的办学方向主要为培养体育师资、科研人员、教练员和其他体育专门人才，从而造成体育专业院校与竞技体育训练实践相分离，体育专业院校服务体育事业的部分职能缺失。

"文化大革命"之后，随着体育事业的蓬勃发展，以及突破西方国家政治封锁的需要，国家决定重点发展竞技体育事业，体育专业院校服务竞技体育的职能再次恢复。1980年，在全国体育学院工作会议上，原国家体委提出高等体育专业院校"既应培养体育师资，又需承担培养教练员、科研人员、体育干部的任务，出优秀运动员"。时任原国家体委副主任的黄中在会议上提出："作为体育战线高等学府的体育学院，应当在培养高水平的教师、教练员、科研人员、干部的前提下出运动员，为提高我们运动技术水平做贡献。对少数有培养前途、技术优秀的学生，采取特殊手段加以培养。"❶ 为了适应原国家体委的竞技体育人才培养目标，各体育学院相继恢复运动系和管理系，探寻摸索"体教结合"的新经验，更好地为竞技体育服务。

2. 人才培养途径

（1）博士、硕士研究生人才培养

中华人民共和国成立初期，为了适应国家对于高科技人才的需求，中国教育领域开始筹备招收研究生。由于缺少研究生培养方面的经验，此时主要借鉴苏联模式，聘请苏联专家担任指导老师，进行研究生教育。1953年，东北师范大学开始招收体育理论专业研究生，标志着中国体育学研究生培养的开始。此后原中央体育学院（现在的北京体育大学）和原华东体育学院（现在的上海体育学院）相继招收体育理论专业研究生。1959年中苏关系恶化，苏联专家撤走，中国开启了独立培养体育学研究生的新征程，聘请国内教师担任指导老师，探索中国化的培养模式。1963年，教育部相继颁布了《高等学校培养研究生工作暂行条例（草案）》《关于高等学校研究生马列主义

❶ 刘秀政. 黄中纪念文集 [M]. 北京：奥林匹克出版社，1999：299.

理论课的规定（草案）》等，使中国研究生教育逐渐走向规范化、制度化。"文化大革命"开始后中国体育研究生教育被迫中断。

"文化大革命"结束后，中国逐步恢复了研究生教育工作。1977 年 10 月，教育部颁布《关于高等学校招收研究生的意见》，要求"高等学校，特别是重点高等学校，凡是教师条件和科学研究基础比较好的，应积极招收研究生"。在国家政策的指引下，有 8 所单科体育专业院校开始招收研究生。到 1980 年，体育专业院校招收研究生的专业类别逐渐增多，体育史、体育管理学、运动生物力学、体育情报学等新兴学科专业开始招收研究生，专业数量发展到 16 个（见表 4-3）。其中，北京体育学院开设专业数量最多，达到 14 个。同时，专业授权点数量也在不断增加，先后有 10 个单位开始培养体育学研究生，其中单科类体育学院有 8 个。

1981 年，国务院批准北京、上海、武汉、西安、成都、沈阳、天津、广州体育学院为体育学士授予单位，同时还确定北京、上海两所体育学院和国家体委体育科学研究所为首批体育专业院校硕士学位授予单位。其中，北京体育学院主要开设专业为体育理论、人体生理学、体育教学理论与方法、运动训练学；上海体育学院开设专业为体育理论、人体解剖、人体生理学；国家体委体育科学研究所开设专业为运动医学。1985 年，教育部批准北京体育学院、上海体育学院为体育学科博士学位授予单位。至此，中国体育专业院校基本形成本科、硕士、博士三阶段的人才培养结构。

表4-3　1978~1980年高等体育专业院校研究生培养情况❶~❾

招生单位	设置专业	招生年份	招生人数/人
北京体育学院	运动生理、运动生物力学、运动医学、体育理论、体育情报学、篮球、排球、足球、体操、游泳、举重、田径、武术、乒乓球	1978	41
上海体育学院	体育理论、运动生物力学、篮球、田径、体操	1978	5
成都体育学院	体育史、武术、体操	1979	5
武汉体育学院	田径、体操、篮球、排球、运动解剖	1978	10
沈阳体育学院	体育理论、排球、篮球、足球、田径、体操	1979	7

❶ 北京体育学院院志编委会. 北京体育学院院志［Z］. 北京体育大学内部资料，1994：176-178.

❷ 李苍海，张林. 我院研究生教育管理的改革与思考［J］. 上海体育学院学报，1996，20（2）：79-82.

❸ 武汉体育学院校史编写组. 武汉体育学院校史（1953—2013）［Z］. 武汉体育学院内部资料，2013：333

❹ 校志编写组. 成都体育学院发展历程［Z］. 成都体育学院内部材料，2004：30.

❺ 周敏，杨得洋. 西安体育学院校史（1954—1994）［Z］. 西安体育学院内部材料，1994：16.

❻ 赵斌. 上海体育学院研究生部. 上海体育学院学位与研究生教育概况［EB/OL］. http://yjsc. sus. edu. cn/tzdt/yjsjygk. htm，2016-12-12.

❼ 全国研究生招生大全编写组. 全国研究生招生大全统计资料（1978—1992）［M］. 北京：高等教育出版社，1993.

❽ 武纪生. 研究生教育工作十年回顾［J］. 广州体育学院学报，1992，12（3）：12.

❾ 1~6批硕士学位授予单位及其学科、专业名单［J］. 高教战线，1982（1）：1-6.

续表

招生单位	设置专业	招生年份	招生人数/人
西安体育学院	田径、体操、足球、排球	1979	6
广州体育学院	田径、游泳	1979	4
天津体育学院	体育管理学、运动生理学、运动生物力学	1980	2
合　计			80

（2）高等体育专业院校"体教结合模式"的初探——建立附属竞技体校、举办青训大队、加强运动训练等

竞技体育"院校化"是指为实现国家体育事业的战略布局，高等院校尤其是体育专业院校要发挥培养竞技体育后备人才的作用，成为发展竞技体育的基地。在国家体育事业发展战略的指导下，为解决专业运动员文化素质偏低的问题，原国家体委提出"体教结合"的改革发展思路，将体工大队的专业训练优势与体育专业院校的高素质人才文化培养的优势相结合。1979 年，原国家体委下发了《国家体委关于大力提高教育质量，充分发挥体育学院在发展中国体育事业中的作用的通知》，要求体育专业院校增加服务竞技体育和奥运会的职能，并为体育事业培养后备人才。于是 1979~1987 年，6 所直属体育专业院校相继建立了附属竞技体校，而其他"地方型"体育专业院校也在 1958~1986 年开设了附属竞技体育学校（见表 4-4）。

在项目分配方面，直属体育专业院校的附属竞技体校各有侧重，北京体育学院附属竞技体校在建立初期主要开设田径、篮球、游泳等 10 个项目，沈阳体育学院附属竞技体校主要开设速度滑冰、花样滑冰等项目，而其他"地方型"体育专业院校，

如南京体育学院、吉林体育学院、河北体育学院等，附属竞技体育学院校与各省运动队结合，形成特殊的办学体制。

表4-4 主要体育专业院校附属竞技体校办学情况

学校名称	创办时间	最初开设项目数量	招生人数/人
北京体育大学	1979	10	230
上海体育学院	1982	7	7
武汉体育学院	1980	4	50
西安体育学院	1986	4	80
成都体育学院	1987	6	80
沈阳体育学院	1979	5	150
哈尔滨体育学院	1958	8	113
首都体育学院	1986	3	1000
山东体育学院	1973	3	105
南京体育学院	1976	—	140
河北体育学院	1956	4	100

在招生人数方面，受地域和学校发展规模限制，各学校的招生人数也不尽相同。附属竞技体校的人才培养目标是通过专业化训练为奥运会培养有文化的高水平体育人才，并为体育专业院校本、专科培养后备力量。体校采用"亦读亦训"的人才培养模式，"读"是指运动员按照年级编排学习中学文化课程，"训"是指运动员按照项目编队进行专业训练。

除建立附属竞技体校之外，国家或者省级运动队部分项目直接下设到体育专业院校中，以增强竞技体育与高等体育专业院校的合作。如1973年原国家体委"下发（73）体训字07号"文件，正式批准国家射箭队归属北京体育学院管理。

　　高等体育专业院校本科专业也比较注重竞技体育人才的培养，运动训练系和体育系通过加强学生的训练工作，提升学生的运动水平，并争取获得代表国家参加国际赛事的机会。如北京体育学院 1972~1983 年，本科学生共打破亚洲纪录 1 项，打破全国纪录 8 项，为国家培养了一批优秀运动员❶。

　　（3）继续教育的开展

　　体育专业院校还开设了进修班和函授部等多种形式的体育人才培养形式，构架了全日制、函授以及继续教育与学历教育等多种形式的人才培养方式。

　　函授教育主要包括运动训练、体育教育、体育管理等专业，学制分为三年专科和五年本科，人才培养目标为培养德、智、体全面发展的从事专项运动训练并具有一定专项科研能力的教练员、专项教师和体育管理专门人才。

　　继续教育是体育专业院校为了适应国家和社会的需要，对已经从事工作多年的人员进行再次学习教育的培养方式。体育专业院校继续教育开设的形式多样，包括短期培训、进修等。继续教育的培养目标是提高教练员的专业理论水平和运动技术水平；提高省市自治区体委领导干部的体育理论知识和管理水平；增强体育教师理论知识水平和教学能力。短期培训的时间没有固定限制，课程内容也比较灵活，而进修的时限一般为一年，课程设置也相对固定。

　　为提高省市自治区体委领导的体育理论知识和管理水平，体育专业院校开设了学历教育人才培养方式。如 1983 年、1984 年、1985 年，北京体育学院连续开办了三届两年制干部专修科，

<hr />

❶　北京体育学院院志编委会. 北京体育学院院志［Z］. 北京体育大学内部资料，1994：176-178.

为国家体委培训了 107 名优秀体育管理者❶。

4.3 主要特征

4.3.1 办学方向由服务教育事业向教育与竞技体育事业并重转变

改革开放初期高等体育专业院校的办学方向是服务教育事业，是为了满足教育对体育师资的需求。但随着体育事业的发展以及社会对体育的日益重视，发挥体育专业院校在竞技体育中的作用被提上日程。1980 年原国家体委提出的"三结合"办学指导思想，突破仅仅培养师资的局限，是高等体育教育的教育性、学术性和竞技性三种职能的融合。其中"教学"突出了体育专业院校的教育性，实现了体育专业院校培养体育师资的职能，是高等学校的基本特性，这也是体育专业院校自创建以来最基本的办学目标；"训练"体现了高等体育教育的竞技性，确定了其服务竞技体育的办学方向，是高等体育专业院校的办学特性；"科研"则展现了高等体育教育的学术性，是高等学校的特性。"三结合"办学思想的提出，把高等体育专业院校从服务教育事业的单一职能中解脱出来，增加了服务竞技体育的职能。

在"三结合"办学思想的指导下，体育专业院校提出了服务竞技体育的办学目标。第一，体育专门人才培养方面，体育专业院校恢复培养竞技体育专门人才，尤以培养优秀运动员为主。北京体育学院和武汉体育学院明确提出了优秀运动员培养

---

❶ 北京体育学院院志编委会. 北京体育学院院志［Z］. 北京体育大学内部资料，1994：176-178.

目标。1979 年武汉体育学院成立了田径、体操、武术、乒乓球、篮球、排球、足球 7 支代表队，共有 188 人，开始业余训练，到 1983 年上半年，武汉体育学院学生打破了 10 项湖北省纪录。第二，注重传播和发展新兴体育项目，体育专业院校在引进、孵化、推广艺术体操、击剑、跆拳道、花样游泳等新兴项目方面做出了巨大贡献。第三，注重科研服务竞技体育。大学是探究真知的机构，是学术交流的殿堂。此时期高等体育专业院校提出科研服务竞技体育的办学目标定位提升了体育专业院校的学术性，推动了体育专业院校科研工作的发展，促进了科研人才的培养。如武汉体育学院加强与优秀运动队的联系，科研工作直接为奥运战略服务，以"运动训练测试中心"为主体，组织协调全校科技力量，一方面为学校的划船队服务，保证学校划船队的运动成绩一直处于全国优秀运动队的前列，另一方面组织科技人员多次走出学校，深入国家运动集训队，进行科技服务和科技攻关活动。在这一时期，武汉体育学院先后承担了国家击剑、划船、体操、田径、跳水等运动队 1990 年亚运会和 1992 年奥运会的科技攻关和科技服务任务。此外，一些研究室、实验室和教研室，还先后对一些省市队的运动员提供生化实验、人体形态测量、心动检测、心理咨询和技术诊断等科技服务❶。

4.3.2 "政府主导"与"分类管理"相结合的高等体育教育 管理体制

改革开放初期，中国高等体育专业院校的管理体制基本上延续"文化大革命"之前"以政府为主导"的管理体制。原国家体委（地方政府）与高等体育专业院校是在国家行政体制之

---

❶ 武汉体育学院校史编写组. 武汉体育学院校史（1953—2013）[Z]. 武汉体育学院内部资料，2013：89-91.

下的上下级关系，原国家体委或地方政府对高等体育专业院校负有领导责任。政府颁布的有关高等教育的方针、政策、制度等对高等体育专业院校均具有指导作用，财政拨款、行政人员任免等由政府主管部门负责，体育专业院校的设置、变更或者停办，学科专业的设置与变更，课程体系的重大改变也均需经过原国家体委或者地方政府的批准，高等体育专业院校缺少办学自主权。

在计划经济时期，为了调动中央直属部门、地方政府发展高等教育的积极性，鼓励各级政府部门分别办学并进行管理，于是便形成了中央部门和地方政府分别管理一批高等院校的局面。在改革开放初期，中国广义的高等体育教育资源主要包括6所国家体育总局直属的专业类体育专业院校，8所地方体育专业院校、70多所师范类院校和综合性大学下设的体育院系、1所解放军管辖的解放军体育学院、100多所师范专科学校开设的体育系等。不同类型的体育专业院校隶属关系不尽相同，由不同层级的政府部门管理。"体"字号体育专业院校隶属"体育系统"，归体委管辖，师范类和综合性大学体育系隶属"教育系统"，归教委管辖。而在14所"体"字号体育专业院校中，6所直属体育专业院校由国家体育总局直接领导，8所地方体育专业院校由地方政府教育部门主管，解放军体育学院归属解放军管辖。不同的管理体制，在一定程度上增加了体育专业院校的多元化发展，对培养不同层次的体育专门人才起到了一定作用。

4.3.3 体育学科交流国际化，专业设置项目化

1. 体育学科交流国际化

中华人民共和国成立初期，中国体育学科建设和专业设置

全面学习苏联模式，从体育理论到运动技术，从体育教学到运动训练，均由苏联专家指导教授。改革开放以后，中国高等体育教育突破单一的苏联教育模式，对外学术交流呈现出国际化发展趋势，相继与美国、日本、德国、英国等国家建立了交流合作关系。通过借鉴和学习国外经验，引进国外比较成熟的体育学科，为中国新兴学科的建立打下了基础。在此时期，高等体育专业院校在对外学术交流过程中发挥先锋模范作用，通过对外交流、引进国外学科先进理论知识，促进了中国新兴学科的孕育与建设，加快了已建学科的发展。

例如，改革开放以前中国生理学教材主要有蔡翘 1940 年出版的《运动生理学》，赵敏 1951 年出版的《实用运动生理学》，苏联体育学院的译著《人体生理学》以及全国体育院系编教材《人体生理学》。改革开放以后，中国运动生理学教材建设有了较快发展，国内学者的著作和国外学者的译著数量都有所提升（见表 4-5）。又如，此时期运动生物力学的教材也呈现多样化特点，教材体系和教材内容参考多个国家，教材较为多样。改革开放前，中国运动生物力学主要采用苏联顿斯柯依的《运动生物力学》作为参考书，1981 年、1985 年分别由全国体育学院教材委员会和全国高等师范院校体育系教材编写组编写出版了《运动生物力学》。同时，国外一批有关运动生物力学的专著被国内学者翻译引进国内（见表 4-6）。对外交流合作，促使国外先进的教材、理论、方法被引入国内，这在一定程度上加快了体育学科的分化。

表 4-5　1978~1985 年运动生理学国内外教材出版情况

著作名称	编、著者	译者	出版年份	出版单位
《运动生理学》	全国体育院系教材编审委员会		1978	人民体育出版社
《运动生理学》	全国体育院、系教材编审委员会		1984	人民体育出版社
《运动生理学参考资料》	北京体育学院（生理学教研室）		1985	北京体育学院
《运动生理学》		王步标	1981	湖南师范学校
《运动生理学》	卡尔·罗道尔，等	杨锡让，等	1982	人民体育出版社
《运动生理学》	P-O. Astrand，等	杨锡让，等	1984	人民体育出版社
《实用运动生理学》	A-L. 福克斯	肖震亨，等	1984	人民体育出版社

资料来源：黄汉生. 中华人民共和国体育科技发展史［M］. 北京：科学出版社，2010.

表 4-6　1978~1985 年运动生物力学国外译著出版情况

著作名称	著者	译者	出版年份	出版单位
《运动技术生物力学》	詹姆斯·海	孙成敏	1981	北京体育学院出版社
《生物力学》	顿斯柯依，等	吴贯中，等	1982	人民体育出版社
《体育专业理论力学》	B. A. 彼得罗夫	吴贯中	1984	人民体育出版社
《运动生物力学译文集第 I 集》	—	时学黄，等	1985	清华大学出版社
《骨骼系统生物力学基础》	V. H. Frankel	戴克戍	1985	学林出版社

资料来源：黄汉生. 中华人民共和国体育科技发展史［M］. 北京：科学出版社，2010.

2. 专业设置项目化

由于运动训练学、运动生理学、运动生物力学等从体育理论中分化出来成为独立的学科，高等体育专业院校的学科专业数量逐渐增多，形成以体育教育、田径运动、体操、篮球、排球、足球、乒乓球、游泳、武术、运动解剖、运动生理、运动医学、运动生物力学、运动生物化学等学科为主的专业群。

在系科设置方面，恢复重建时期，中国14家高等体育专业院校在院系设置方面主要以体育系和运动系为主，仅有北京体育学院增设基础理论系。在专业设置方面，体育专业院校的专业设置主要以运动项目进行设置，如体操、田径运动、球类运动、游泳、武术、运动保健等专业。专业设置数量也逐渐增多（见表4-7），其中上海体育学院最多为11个，北京体育学院为9个，西安体育学院为5个，地方体育专业院校中哈尔滨体育学院和山东体育学院也开设了4个专业。

表4-7　1981年体育专业院校本科专业设置情况❶

学　　　校	院系设置/所	专业设置/个
北京体育学院	3	9
武汉体育学院	2	2
天津体育学院	—	—
沈阳体育学院	1	1
吉林体育学院	—	—
哈尔滨体育学院	2	4
上海体育学院	2	11

❶ 《中国教育年鉴》编辑部. 中国教育年鉴（1949—1981）[M]. 北京：中国大百科全书出版社，1984：1091-1110.

学　　校	院系设置/所	专业设置/个
福建体育学院	2	—
山东体育学院	2	4
广州体育学院	2	2
成都体育学院	2	2
西安体育学院	2	5

4.3.4　人才培养目标向竞技体育方向扩展

1979 年原国家体委下发《关于大力提高教学质量，充分发挥体育专业院校在中国体育事业中的作用的通知》，提出高等体育专业院校"为攀登世界运动技术高峰做贡献"的具体要求。1980 年在厦门召开的全国体育学院工作会议上提出："积极创造条件，把体院（首先是几所老体院）逐步办成教学、训练和科研三结合中心，既培养体育师资，又要承担培养教练员、科研人员、体育干部的任务，出优秀运动员。"❶ 自此，中国高等体育专业院校的人才培养目标从仅仅服务学校体育的樊篱中跳出来，吹响进军竞技体育领域的号角。人才培养目标也相应拓宽为培养体育师资、教练员和体育系统管理人员、体育科研人员以及运动员。但是由于受体育系统用人机制的制约，体育专业院校毕业生极少能够进入教练员系统；同样由运动训练专业和体育教育专业培养的优秀运动员也是微乎其微。

---

❶ 刘秀政. 黄中纪念文集 [M]. 北京：奥林匹克出版社，1999：299.

4.4 小结

恢复与调整阶段高等体育专业院校进行的改革与发展既有成功之处也有不足之处，具体情况如下。

（1）"三结合"办学思想的提出，突出了体育专业院校的"竞技性"办学特性；奠定了体育专业院校"项目化"和"地域化"办学特色

体育专业院校区别于其他类型大学的根本点在于"体育"，而竞技性是体育的核心表现❶。"三结合"办学指导思想的提出，增加了体育专业院校的"竞技性"职能，服务对象也扩大到教育事业和竞技体育事业，而此时期高等师范学校体育系的培养目标仍然是培养中等学校体育教师❷。"三结合"办学指导思想的提出，使体育专业院校在办学方向方面与师范学校体育院系有了根本区别，形成了办学特性，凸显了其独立存在的实用价值。体育专业院校"以竞技体育为主"的办学特色主要体现在四方面：第一，培养体育专门人才，尤其指服务于竞技体育的专门人才，包括体育科研人员、教练员、运动员；第二，结合专业特点实施不同水平的竞技体育教育，包括竞技运动理论与方法、竞技体育项目知识、竞技项目管理等方面的知识；第三，开展以服务竞技体育为主的体育科学研究，包括基础性研究和应用性研究；第四，体育技术、理论和新兴项目的

---

❶ 陈宁. 高等体育专业院校办学特性和模式的研究 [D]. 武汉：华中科技大学，2005.

❷ 中国教育年鉴编辑部. 中国教育年鉴（1949—1981）[M]. 北京：中国大百科全书出版社，1984：329.

引进。❶

  同样，"三结合"办学指导思想的提出，奠定了体育专业院校"项目化"和"地域化"办学特色。运动项目发展是高等体育专业院校发展的基础，由于办学资源的限制，体育专业院校不能开展所有的体育项目，必须有所取舍，有重点性地选择。在改革开放初期原国家体委根据学校已有的条件和可能的空间，整合校内外的资源，确立了6所直属型体育专业院校重点培育的运动项目，形成了"项目化"办学特色，如沈阳体育学院结合地域和师资方面优势确立了冰上项目为发展特色；武汉体育学院根据原国家体委的项目布局和学校训练条件与特点，重点抓了划船、摔跤、体操、拳击、毽球、篮球、田径、软式网球、散手、武术套路等项目的人才培养。同样，原国家体委根据每所直属体育专业院校所处的地域位置，兼顾办学的辐射面，确定了北京体育学院面向全国，其他5所体育专业院校服务地方的"区域化"办学目标定位，如上海体育学院面向华东地区，西安体育学院面向西北地区，成都体育学院面向西南地区，沈阳体育学院面向东北地区等。而8所地方型体育专业院校也确立了服务地方社会的办学目标定位。但由于各地政府对于体育专业院校办学目标定位仅仅从本地区进行考虑，缺少统筹安排和全局设计，存在办学理念不清、目标定位不准的问题，形成了直属体育专业院校办学目标定位的"计划性"与地方体育专业院校办学目标定位的"模糊性"并存的状况，这在一定程度上造成体育项目的重复性建设。

---

  ❶ 陈宁. 高等体育专业院校办学特性和模式的研究 [D]. 武汉：华中科技大学，2005.

（2）"条块分割"管理体制下体育专业院校之间发展存在不平衡、不协调的问题

改革开放初期，中国14所体育专业院校分为6所直属体育专业院校和8所地方体育专业院校两种管理体制。两种管理模式之间存在"条块分割问题"，6所直属体育专业院校与8所地方体育专业院校的管理体制存在原国家体委与地方政府之间的条块分割问题；8所地方体育专业院校存在地方体委与教育部门之间的条块分割问题。不同的管理模式造成体育专业院校之间存在发展不平衡、不协调的问题。

首先，直属体育专业院校与地方体育专业院校之间发展不平衡，主要表现在办学规模和办学层次两方面。在办学规模方面，直属体育专业院校的专业设置较为全面，其中上海体育学院专业设置数量达到11个，北京体育学院也达到9个；而地方体育专业院校中只有山东体育学院和天津体育学院设置数量较多（为4个），部分体育专业院校还没有单独的专业设置，如吉林体育学院。在办学层次方面，6所直属型体育专业院校都增加了硕士研究生层次的人才培养，北京体育学院和上海体育学院更增设了博士层次的人才培养，而地方型体育专业院校只有天津体育学院和广州体育学院开设了硕士研究生层面的人才培养。直属型体育专业院校办学层次远高于地方型体育专业院校。

其次，"条块分割"造成体育专业院校之间发展不协调。1981年原国家体委下发《关于下达北京等六所体育学院的任务、规模、专业设置、系科设置、修业年限和培养目标的通知》，对6所直属体育专业院校的办学目标定位、专业设置、运动项目发展等方面进行了统一规划，确定北京体育学院重点学科为田径、游泳、篮球和排球，武汉体育学院是武术，沈阳体育学院是足球、田径等。国家体委的统筹规划和层次化设计增强直属体育

专业院校专业设置的科学性，避免了重复性建设，增强了办学的特色性，各体育专业院校在教学、科研、训练工作方面都取得较大成绩。[1] 而 8 所地方性体育专业院校则受地方政府的领导，办学目标定位、专业设置、人才培养均与区域发展紧密相关，这与直属型体育专业院校办学模式难以形成统一协调的办学体系。

---

[1] 黄浩军. 中国体育专业院校发展之路：回顾与反思、时申与前瞻 [M]. 北京：北京体育大学出版社，2010.

第5章

规范与改革阶段高等体育教育的发展（1985~1999年）

5.1 社会背景

5.1.1 社会主义经济的改革与发展

　　20世纪80年代世界经济进入萧条时期，全球经济发展速度放缓，经济增长进一步减慢，甚至一些国家经济呈现负增长。在国内，中国的经济体制改革进程缓慢甚至接近于停滞状态，改革开放也饱受责难。在当时国内外经济形势的推动下，中国改革开放总设计师邓小平同志在1992年发表了著名的南方谈话，提出了"解放生产力、发展生产力""科学技术是第一生产力，经济发展得快一点，必须依靠科技和教育的发展"等重要发展论断，确立了深化改革发展的发展基调。在党中央的领导下，中国经济发展取得显著成果，1995年国民生产总值已达到45750亿元，人均国内生产总值达3775元，分别是1977年的近14倍和近12倍。经济的快速发展推动了教育事业的发展，教育投资比例逐渐增大，1994年、1995年全国教育经费总支出分别为 1488.7 亿元、1871.95 亿元，相对于 1985 年的 262.9 亿元，分别增长了 5 倍和 7 倍，教育支出的增加促进了教育的发展❶。同样社会经济的发展对各级各类人才需求也越加迫切。

1992 年，中国共产党第十四次代表大会召开，会议确立了建立社会主义市场经济为主要导向的经济体制改革，全面推动计划经济向市场经济的转轨，实现了经济体制和增长方式的根本转变。在社会主义市场经济体制下，市场调配逐渐代替原来的国家行政命令成为主要的资源配置方式，以往的管理体制也逐步发生变革。企事业单位的管理方式不断进行改革，政府在管理中的地位与作用也发生改变。同样作为改革发展的前沿阵地，高等体育教育机构也在转变思想观念和管理方式以适应社会的发展。

5.1.2 高等教育的体制改革与结构调整

20 世纪 80 年代，中国的高等教育发展速度逐渐加快，高等院校的在校生规模逐步扩大，形成了结构基本完善的高等教育体系，但是整体而言中国高等教育发展水平仍然比较落后，高等教育不能适应经济和社会的快速发展，计划经济条件下的旧教育体制与不断改革发展的经济、政治、科技体制不相匹配。从 1985 年开始，中国进入高等教育改革发展阶段，这一时期改革的主题为教育体制和教育结构改革。1985 年《中共中央关于教育体制改革的决定》正式颁布，该决定对高等院校的宏观管理体制、办学体制、招生和就业体制等方面进行了改革，提出扩大办学自主权、实行三级办学体制、实行多样化的招生就业制度的思想；1986 年国务院下发《高等教育管理职责规定》，文件对国家和地方政府部门的管理职责以及高等学校的管理权

---

❶ 国家统计局. 中国统计年鉴 1996 [M]. 北京：中国统计出版社，1997.

限做了详细说明，将招生计划、专业设置和联合办学权力下放，高等学校的办学自主权限增大。

20 世纪 80 年代中后期以及 90 年代初期，高等教育进入短暂的调整时期，这一时期体制改革进程放缓，而教育结构调整为高等教育发展的战略重点。这一时期主要从层次结构、形式结构、种类结构等方面对高等教育进行改革。1986 年原国家教委下发《关于改进和加强研究生工作的通知》，提出增加应用型研究生培养，扩大在职研究生规模，稳步发展研究生教育的发展思路；1988 年原国家教委发布《关于加强普通高等学校本科教育工作的意见》，要求高等学校加强本科教育，提高教育质量；1989 年 11 月的《关于进一步治理整顿和深化改革的决定》提出了"坚持方向，稳定规模，调整结构，改善条件，深化改革，提高质量"的改革方向❶，加快了高等教育结构调整和深化改革的新征程；1993 年 2 月《中国高等教育发展纲要》开始实施，提出了"规模、结构、质量、效益"相统一的发展方向，制定了"共建、联合、调整、合并"的学校结构和布局调整原则，高等教育体制改革迈出重大步伐。经过这个阶段的改革，中国的高等教育管理体制更加适合经济社会发展的需要，为中国高等教育的规模扩张和跨越式发展打下了坚实的基础。

5.1.3 体育事业的蓬勃发展

20 世纪 80 年代，中国的竞技体育发展取得了举世瞩目的成绩。1984 年洛杉矶奥运会，中国奥运代表团取得了 15 块奥运金牌，实现了奥运金牌零的突破，跃居奖牌榜第四位。1986 年汉城亚运会，中国亚运代表团获得 94 枚金牌、82 枚银牌、46 枚铜牌，蝉联奖牌榜第一。经历 1988 年汉城奥运会的失败之后，

---

❶ 郝维谦，等. 高等教育史 [M]. 海口：海南出版社，2000：477.

在 1992 年巴塞罗那奥运会上，中国奥运会代表团再次取得金牌榜第四位的成绩。中国竞技体育的巨大成功，极大地鼓舞了全国人民的爱国热情，体育健儿成为那个特定时期团结和鼓舞全国人民建设社会主义强国的旗帜和号角，"团结起来，振兴中华""英雄志，民族魂"等体育口号响彻全国。在竞技体育的带动下全国掀起了"体育热"，吸引了越来越多的人参与到体育活动中来，大众对于体育的需求开始逐渐增加。

竞技体育的成功，引起了国家各级政府对体育事业的重视，1995 年国家相继颁布了《全民建设计划纲要》和《奥运争光计划纲要》，以增强国民体质，提升竞技体育实力。国民"体育热"以及两个纲要的颁布，为体育专业院校发展提供了发展契机。

为了进一步推动中国竞技体育事业的发展，在党中央的领导下，原国家体委开启了第一次改革。1986 年，原国家体委经过多年的调研与讨论，下发了《国家体委关于体育体制改革的决定（草稿）》，以体育社会化、科学化为主要指导方针，对体育体制进行了一系列改革：在领导体制方面，改革传统的国家包办体育，实行国家与社会相结合的方式；在训练体制方面，鼓励大中专院校设立高水平运动队；在群众体育方面，鼓励发展民族传统体育；在科技体制方面，强调科研与训练要相互结合；在体育教育体制方面，调整体育专业院校的培养目标和专业科类改善体育队伍的知识结构，培养更多符合体育事业发展的体育专门人才，鼓励"建立科学的人才训练体制，形成多形式、多渠道和多层次的运动人才梯队"，"改革体育教育体制，形成多层次、多规格和多形式的办学"，充分调动社会的力量发展体育。体育体制的改革促进高等体育教育多元化发展，体育专业院校的训练和科研功能逐渐凸显。

5.2 改革与发展

5.2.1 办学目标定位："三结合"办学思想的重申

自 1980 年，全国体育学院工作会议首次提出"三结合"的办学思想，1985 年举行的全国体育院校工作会议再次重申这种思想，强调："体育专业院校要办成以教学为主，教学、科研、训练三结合的高水平基地，为建设体育强国培养攀登高峰的人才"。并提出要学习美国高校和苏联体育专业院校的体育人才培养模式，开办竞技体校和高水平运动队，为国家输送优秀运动员，培养金牌运动员。同时，原国家体委要求"高等体育专业院校提高学术和运动技术水平，突出体育办学特色"。1989 年 2 月国家直属体育专业院校工作会议在北京召开，会议议题为"积极促进教育体系与竞技体育体系的结合，主动适应社会需要，深化教育改革，提高体育人才训练质量"，强调直属体育专业院校要以教学、科研、训练为中心组织安排工作。1991 年国家直属体育专业院校工作会议再次强调"要把三结合纳入直属体院，纳入事业发展规划……直属体育专业院校要探索'三结合'的体制和运行机制。"但是受计划经济的影响，"三结合"思想没有得到真正实现。

进入 20 世纪 90 年代中期，随着中国经济体制改革的逐步深入，运动员就业体制也发生改变，社会对于运动员的学历和文化知识水平要求提高，运动员就业难度逐渐增大。与此同时，竞技体育竞争愈加激烈，体育的科技含量不断提高，于是体育专业院校"三结合"思想再次提出。1993 年原国家体委在《关于深化直属体育学院教育改革，扩大办学自主权的若干意见》中，明确要求直属高等体育专业院校要发展成为教学、科研和训练"三结合"基地，为国家培养体育师资、教练员、科研人员、体育管理人员以及优秀运动员等高级体育专门人才。1998年原国家体委召开的全国体育专业院校工作会议和1999年的全国体育工作会议上，均强调了"三结合"基地建设的重要性。

在原国家体委"三结合"办学思想的指导下，高等体育专业院校对办学思想进行了一系列的调整。例如，1983年北京体育学院的办学目标定位为"要把北京体育学院建设成为具有中国特色和世界先进水平的体育高等学府，为国家培养更多高质量的、又红又专的体育人才，为中国体育事业做出更大的贡献"；1996年调整为"以邓小平建设有中国特色的社会主义理论为指导……主动适应社会主义市场经济和社会发展的需要，为中国教育和体育事业培养跨世纪人才"；又如，1988年，西安体育学院按照原国家体委和省委的指示，提出了学院的改革思想——"在党的社会主义初级阶段基本路线指引下，全面贯彻十三大精神、中央《关于教育体制改革的决定》与国家体委的有关指示，以提高认识转变观念为先导，教学、科研改革为中心，管理改革为重点……不断拓宽办学路子，提高办学效益，更好地为社会生产力服务，为建设体育强国服务"；1996年，西安体育学院按照国家体育总局的发展指导思想，结合学校的办学经验以及体育改革和高校改革的趋势，提出了新的办学指导思想——"围绕全民健身计划和奥运争光计划，以建设'三结合'基地为目标，进一步提高办学效益，增强学校办学的综合实力"。再如，沈阳体育学院在1995年提出了"建设具有显著特色和完善功能的社会主义体育大学"的办学指导思想，回答了沈阳体育学院"办一个什么样的学校和怎样办好学校"的问题，明确了学校的发展方向。这一时期原国家体委提出的"三结合"思想明确了高等体育专业院校的办学发展方向，凸显了高等体育专业院校的体育特色，办学职能趋向全面化。

5.2.2　管理制度改革：扩大办学自主权

随着社会主义市场经济的发展，原来在计划经济体制下单纯依靠行政手段管理高等体育专业院校的体制难以适应社会的发展，高等体育专业院校呈现出办学效益不高、发展活力和动力不足等症状。为改变政府有关部门对学校统得过死的问题，中共中央对高等教育体制进行了一系列改革，国家体育总局根据中央文件也对高等体育专业院校进行了适当放权，扩大高等体育专业院校的办学自主权。此时期的管理制度主要包括：下放调整系科、设置专业、更新教学内容和招生数额等方面的办学自主权，招生就业制度实现由国家计划向社会需求转变，高等体育专业院校的办学自主权进一步扩大。

1985年，中共中央颁发了《关于教育体制改革的决定》，这是高等教育发展的一个转折点，决定指出："高等院校有权调整专业的服务方向，制订教学计划和教学大纲，编写和选用教材；有权接受委托或与外单位合作，进行科学研究和技术开发，建立教学、科研、生产联合体"，同时要求"中央和地方办的高等学校，要优先满足中央主管部门和地方培养人才的需要"。1986年4月原国家体委颁布的《国家体委关于体育体制改革的决定（草案）》中提出："加强宏观管理的同时，实行简政放权，扩大院校办学自主权"。1993年原国家体委下发"（1993）体科字001号"《关于深化直属体育学院教育改革扩大办学自主权的若干意见》，指出："直属体育学院的改革按照国家教委的统一部署进行，并可根据本校具体情况，调整系科和专业设置、更新教学内容，有条件的可试行学分制。在完成国家计划招生后，可逐步扩大招收代培生、代训生和自费生数额。"

1985~1998年，中国对高等学校进行了多次体制改革，并取得了突破性进展。1985年《关于教育体制改革的决定》要求实行中央、省（自治区、直辖市）、中心城市三级办学的管理体制，改革了国家计划招生和毕业生分配制度，实行按照国家、用人单位需求进行招生就业的管理制度。1986 年国务院发布的《高等教育管理职责暂行规定》重新审定了中央、地方政府、高等学校的管理职责。按照国家政策文件的要求，国家体育总局对高等体育专业院校进行了一系列改革，如人事任命权力下放、试行院长负责制和教师聘任制等。

5.2.3 学科专业发展

1. 体育学上升为一级学科

1996 年，中国体育学学科取得了较大的进展，经过全国哲学社会科学规划办公室批准，体育学学科从教育学中分离出来成为国家哲学社会科学规划研究的一级学科，并将体育学划分为 11 个二级学科❶。在随后一年，体育学学科课题成为国家社会科学单独受理项目，这为将来体育学学科的独立奠定了良好基础。

2. 研究生学科专业的缩减与规范以及教育学体育方向专业硕士的开设

1990 年，第 2 版《授予博士、硕士学位和培养研究生的学科专业目录》颁布，相对于 1982 年的《授予博士、硕士学位和培养研究生的学科专业目录（试行草案）》，此次改革在学科专业归属、专业设置数量和专业名称方面有所调整：一是专业数量减少两个，分别为运动医学专业和运动心理学（该专业划归属到心理学学科之下）；二是变动专业名称，人体解剖学更名为运动生物力学，人体生理学更名为运动生物化学，而运动生理

---

❶ 田雨普，张文静. 国家社会科学基金项目体育学研究的回顾与展望［J］. 体育科学，2006，26（4）：9-13.

学则分立成单独的新专业。1997 年，第 3 版《授予博士、硕士学位和培养研究生的学科、专业目录》颁布，博士、硕士学位的专业设置进一步减少，由 1990 年的 10 个专业减少到 4 个，分别为体育人文社会学、运动人体科学、体育教育训练学和民族传统体育学。此时期，博士、硕士研究生学位、学科专业目录在规范名称、精简专业数量、拓宽专业面等方面的改革与发展，显示了中国研究生学位专业目录的规范化发展进程。

1998 年，国务院学术委员会批准教育学领域增设教育硕士专业学位，以提高基础教育和管理人员的业务水平，促进基础教育和管理发展。教育硕士专业学位分为学科教学和教育管理两个方向，体育方向专业硕士则包含在学科教学专业内。教育硕士专业学位开启了专业硕士培养新发展路径，这为以后体育学专业硕士培养打下了基础。

3. 高等体育教育本科专业的三次改革发展

在改革发展时期，高等体育专业院校主动适应社会主义市场经济条件下社会对体育人才的需求，拓宽人才培养种类，增设院系，主要开设了体育系、运动系、体育生物科学系、体育管理系、武术系、体育新闻系、运动心理系等，并于 1988 年、1993 年和 1998 年对本科专业进行了三次大规模的调整。

1988 年原国家教委通过对各体育学院进行调查论证，下发了《普通高等学校体育本科专业目录》，文件将体育本科专业划分为 7 种类别 9 个专业，具体为：体育教育专业归属教育学类、运动训练专业归属运动训练学类、体育管理专业归属文理科类、体育生物科学专业归属人体科学类、武术专业归属传统体育类，另外还有体育新闻、体育保健康复、运动心理、警察体育 4 个试办专业。本次改革突破以按项目进行专业设置的局限，按照学科对相关专业进行调整与设置，如将运动解剖学、运动生理学、运动医学、运动生物力学、运动生物化学归属体育生物科学专业，学科专业数量得到控制，专业名称趋于规范。

从 1989 年开始第三次本科专业目录修订工作有序展开。经过 4 年的调查与论证，1993 年 7 月新的《普通高等学校本科专业目录》颁布，新目录对高等体育教育本科专业设置进行了大幅度的改革。首先解决了多年来对于体育学科的门类归属问题，将体育学设为教育学门类之下的一级学科，下设体育教育、运动训练、体育管理、体育生物科学、体育保健康复、武术和警察体育 7 个专业❶，而将体育新闻和运动心理学分别划归文学门类和理学门类之下。其次增加交叉学科学位授予范围，增加体育管理、体育生物科学、体育保健康复三个专业教育学学位授予权，届时三个专业具有理学或教育学两种学位授予权。本次专业目录调整，规范了体育专业的分科归类，注重了体育专业的整体组合，实现了体育学由专业向学科的迈进，促进了体育学科体系的发展；增加跨学科专业学位授予权，拓宽了人才培养的口径。但是本次调整仍然存在专业口径窄、社会适应性不高的问题。

1997 年 4 月，原国家教委开始了第四次本科专业目录修订工作，本次目录修订主要遵从宽口径、厚基础以及符合社会需求的调整原则。经过一年多的研讨，1998 年 7 月新的《普通高等学校本科专业目录》颁布，新目录中体育学仍归属教育学门类，而下设的二级学科则由 1993 年的 7 个压缩至 5 个，即体育教育、运动训练、社会体育、运动人体科学、民族传统体育。相对于 1993 年的专业目录，本次专业目录的变化包括以下两点：一是更改涵盖内容更为宽泛的专业名称，将武术专业更名

---

❶ 纪宝成. 中国大学学科专业设置研究［M］. 北京：中国人民大学出版社，2006.

为民族传统体育专业，运动生物科学专业与体育保健专业合并为运动人体科学专业，符合宽口径、厚基础的专业调整思想❶；二是以社会需求为导向增减专业，新设符合社会需求的社会体育专业，取消学科基础薄弱、社会需求较小的体育新闻、体育管理学和运动心理学三个交叉学科专业。经过本次专业调整，高等体育教育的学科专业结构更加合理，科学化和规范化程度得到进一步提升。

5.2.4　人才培养方式改革与发展

1. 高等体育专业院校人才培养目标的变化

为了适应国家对于高水平竞技体育人才的需要，在1985年全国体育工作会议上提出高等体育专业院校要"为建设体育强国，培养攀登竞技高峰的人才"，❷并提议组建高水平运动队和竞技体校，兼顾高等体育专业院校的教育和竞技职能，服务奥运会，为国家培养金牌运动员。1989年时任原国家体委主任的伍绍祖同志在全国体育工作会议上提出"国家体委直属体院更直接的任务就是要培养高水平的体育教师、教练员、高素质的运动员、高水平的科技人员和管理干部"。北京、上海、武汉三大体育学院为响应国家的号召，提出培养高水平运动员、为奥运会输送竞技体育尖子的人才培养目标。因此，这一时期高等体育专业院校的人才培养目标为师资、教练员、科研人员、体育管理人员、优秀运动员等高级体育专门人才。

❶ 赵文华. 高等教育系统分析 [M]. 上海：复旦大学出版社，2000：35.

❷ 周志雄，朱俊玲. 中国高等体育专业院校教育发展的战略研究——中国高等体育专业院校教育与人才市场的理论探索和实证分析 [J]. 北京体育大学学报，2002，25（4）：506-508.

2. 高等体育专业院校人才培养途径改革与发展

以"三结合"办学思想为指导,体育专业院校进行了一些实践探索,如探索"学院办基地",大力发展竞技体校,增加运动训练和武术专业授予点,开展各种形式的岗位培训来培养优秀运动员,并扩大对外交流合作,从而培养高质量的学生和师资。

(1)"学院办基地"体教结合模式的探索

为适应国家对于优秀体育人才的需求、拓宽竞技体育后备人才培养渠道,高等体育专业院校于1987年开始尝试与国家和地方优秀运动队联合办学。南京体育学院探索"院校办基地"模式,试行集高等体育教育、体工队、体科所"三位一体"的办学体制,将学校发展成为江苏省高水平竞技运动的训练基地,为国家培养了大批体育优秀运动员。1995年,南京体育学院在总结39年办学经验的基础上,依据体育和教育形势的发展,结合学校的办学实际,将南京体育学院的功能定位在"江苏省高水平竞技运动的训练基地、体育专业人才的摇篮、体育科技的前沿阵地和社会体育的指导中心",并提出了"训练也是教育"的大教育观。通过分析学校实际,加深对训练工作、教学工作规律的认识,寻求两者的共性,以教育作为抓训练、办教育的结合点,充分利用教学优势,促进运动队的建设,探索了一条"学院办基地"的新模式。1996年,南京体育学院提出了"三位一体、重点突出、办出特色、共同发展"的办学指导思想,与江苏省省队合作,建立了学校—运动队—科研所三位一体的"体教结合模式"。通过合办高水平运动队,促进教育体系与竞技体系的结合,改善体育专业院校的办学和训练条件,开创了竞技体育、体育教育、体育科研相融合的独特的办学模式,营造了教书育人、训练育人、管理育人、服务育人的"四育人"

优良环境，提高了办学效益❶。

"学院办基地"的体教结合方式，增加了体育专业院校与高水平运动队的联系，为体育专业院校与三级训练体制结合提供了新的发展路径。此外，"学院办基地"增加体育专业院校服务高水平竞技运动的职能，发挥了体育专业院校的专业优势，突出了办学特色。

（2）大力发展"竞技体校"

附属竞技体校作为高等体育专业院校培养优秀竞技人才的主要支撑点，在原国家体委的领导与支持下有了较大发展。首先，附属竞技体育学校开办数量上有所增加。1986~1987年，西安体育学院、首都体育学院、成都体育学院相继创办了附属竞技体育学校，高等体育学校附属竞技体育学校的数量增至12所。其次，项目数量的招生人数也有所增加。截止到1993年，北京体育学院附属竞技体育学校有田径、体操、游泳、曲棍球、摔跤、软式网球等13个运动训练项目，学员编制也由最初的230人增加到450人。最后，在人才培养方面有所突破。北京体育学院附属竞技体育学校在1985~1993年共有7名运动员获世界冠军，8名运动员获世界第2~6名，16名运动员获亚洲冠军或破亚洲纪录，52名运动员获全国冠军或破世界纪录，17名运动员获得国际运动健将称号，185名运动员获得运动健将称号❷。

（3）狠抓运动训练，培养优秀运动员

1985年以来，各高等体育专业院校都集中力量主抓学校的

---

❶ 南京体育学院校史编写组. 传承·发展·辉煌——南京体育学院建设与发展六十年［Z］. 南京体育学院内部资料，2016.

❷ 北京体育大学校史编委会. 北京体育大学校史第一卷（1953—2003）［M］. 北京：北京体育大学出版社，2013.

训练竞赛工作，通过改革管理体制，提高训练方法手段，运动训练成绩明显改善。北京、上海、武汉体育学院以服务奥运会为目标，提出培养高水平运动员❶❷、输送竞技体育人才的办学思路；成都、沈阳、西安体育学院建立运动系；沈阳体育学院以服务国家奥运战略为目标，不断调整竞技体育项目布局，在竞技体校增设滑雪和雪上运动项目❸，并引进自由式滑雪空中技巧、跳台滑雪和越野滑雪三支国家队，加强了教学、科研、训练三结合基地建设。在第 6 届全运会期间，北京体育学院共有 99 名运动员代表 21 个单位参赛，其中运动系 40 人，武术系 18 人，体育系 1 人，并取得了优异成绩。1993 年，北京体育学院运动队在国际比赛中获得 6 枚金牌、1 枚银牌。

"联合办学"、发展"竞技体校"、狠抓"运动训练"等形式成为此时期高等体育专业院校培养竞技体育后备人才的主要渠道。但是，由于受到"三级训练体系"的影响，高等体育专业院校的招生水平和数量有限，加之训练条件的限制，这三种人才培养方式只在部分体育专业院校开展，未得到全面推行，一直未成为培养优秀运动员的主要途径。

（4）教练员、运动员继续教育培训体系的完善

学训矛盾一直是困扰"三级训练体系"的主要矛盾，为了提高运动员、教练员的文化素质，原国家体委与各体育专业院校合作，建立了学历与非学历教育相结合、高等教育与成人教育相结合、脱产与半脱产和函授相结合以及长短期培训相结合

❶ 北京体育大学校史编委会. 北京体育大学校史第一卷（1953—2003）［M］. 北京：北京体育大学出版社，2013：9

❷ 武汉体育学院校史编写组. 武汉体育学院校史（1953—2013）［Z］. 武汉体育学院内部资料，2013：89-91.

❸ 刘炳权，等. 沈阳体育学院校史编年［M］. 沈阳：辽宁教育出版社，2009：78-90.

的教练员与运动员继续教育体系，这套体系在 1988 年后得到逐步完善，各高等体育专业院校在教练员和运动员文化知识培养、科研合作等方面发挥越来越大的作用。

（5）扩大对外交流合作

随着改革开放的深化，对外交流合作成为当时社会发展的一个潮流，借鉴国外先进科学技术知识和进步文化、经营管理经验、方法以及其他人类的一切文明成果，与世界前沿科学技术进行对话、交流与合作，并以此提高自身的办学实力，成为高等体育专业院校发展的重要方向。此时期高等体育专业院校主要通过"聘请外籍专家、教授来华任教，引进国外和境外智力和先进科学技术、先进文化工作，引进、发展体育运动项目，学术、技术引进与交流"等方式进行交流合作。

相对于 20 世纪 80 年代初期，此时期高等体育专业院校的合作交流方式更加多样化，交流次数逐步增加，交流质量也不断提高。在与国外高等学校交流合作方面，武汉体育学院与美国波尔大学、乌克兰体育大学、美国奥本大学、美国德拉维尔大学、保加利亚翰林学院等 20 多个国外高等学校建立了交流合作关系。北京体育学院也与 10 多个国外高等学校签订了校际合作交流协定。在与国外专家学者合作交流方面，有的专家长期在中国体育专业院校教学，有的来短期讲座，有的进行专业教学，也有的合作科研。学科涵盖了多个专业领域，合作方式也趋于多样化。人文社科有体育管理、运动训练理论、体育伦理、体育经济和体育传媒等领域，自然科学涉及运动人体科学、医疗康复、运动心理等方面。专家、学者大多来自美国、俄罗斯、澳大利亚、德国等世界体育强国以及其他体育科研优势显著的国家和地区（见表 5-1）。例如，在 20 世纪 90 年代，到北京体育学院进行讲学、演讲、报告的知名学者、专家，包括世界大学生体育联合会主席、国际田径联合会主席内比奥罗先生，俄

罗斯科学院院士德什列尔先生，俄罗斯莫斯科体育学院著名举
重专家梅德维也夫先生，国际体育教育科学理事会主席泰帕教
授，德国体育工作者协会主席、德国科体育学院教授海克尔先
生，国际奥委会改革委员会委员、美国芝加哥大学教授约
翰·麦克隆先生，日本体育社会科学专家、日本中京女子大学
教授影山见先生，澳大利亚奥林匹克研究中心主任、澳大利亚
新南威尔士大学教授理查德·卡什曼先生，等等。与国外知名
学者、专家进行合作交流，使中国体育专业院校能够及时了解
国际有关学科的学术动态和发展趋势，加强学校的重点学科、
重点科研项目的建设，提高广大教师的科研能力和教学训练
水平。

表 5-1　1985~1999 年北京体育学院对外交流一览表

时间	交流国家	交流学校
1986 年	美国	南加利福尼亚大学
1986 年	美国	亚利桑那州州立大学
1987 年	加拿大	西安大略大学
1989 年	美国	印第安纳大学
1989 年	俄罗斯	莫斯科国立体育大学
1990 年	保加利亚	国家体育学院（索菲亚奥林匹克学院）
1991 年	波兰	华沙体育学院
1992 年	韩国	韩国体育大学
1993 年	日本	至学馆大学（原中京女子大学）
1994 年	泰国	斯那卡林大学
1998 年	越南	北宁大学（原河内第一体育大学）

资料来源：北京体育大学校史（1953—2003 年）。

5.3　主要特征

5.3.1　主管部门的简政放权与高等体育专业院校办学自主权扩大

中央和原国家体委对高等体育专业院校进行的行政管理体制改革，改变了原国家体委集中管理直属体育专业院校和地方政府直接管理地方体育专业院校的办学体制，通过简政放权，将大量办学权力交给各体育专业院校，并增强原国家体委和地方政府的宏观调控和政策引导权限，建立了主管部门统筹规划和宏观管理、各体育专业院校面向社会自主办学的新体制。这种办学体制适应了社会主义市场体制的改革趋势，调动了各高等体育专业院校的办学积极性。

5.3.2　规范学科专业名称，拓宽专业口径，增加专业布点数量

1985~1999 年，中国体育学科专业经历了按照运动项目设置专业—按照"学科"与"就业领域"两方面设置专业—完全按照学科设置专业三次专业改革，学科专业划分标准逐渐统一，学科专业分类逐步规范。

经过三次专业改革，专业设置由原来的 7 个逐渐缩减到 5 个，一些交叉学科和专业基础较窄的学科专业被进一步合并，专业设置种数逐渐减少。一些专业基础较窄的专业进行合并，如体育生物科学专业与体育保健专业合并为运动人体科学，武术更名为内涵更为广泛的民族传统体育专业。硕士研究生和本科专业设置种数的缩减，在一定程度上拓宽了专业的口径，体

现出了"宽口径，厚基础"的复合型人才培养理念。以大学本科体育教育专业为例（见表5-2），1986年体育教育专业的培养目标界定为培养中等学校体育教师，而1993年和1998年的人才培养方案中不仅注重教学能力的培养，还要注重体育科学研究能力的培养。体育教育专业人才培养目标的改革与发展，使得各体育专业院校体育教育专业实现培养体育师资转向培养"多能一专"的高素质复合型人才的突破与创新，拓宽了专业口径，适应了社会发展对多样化体育人才的需求。

表5-2 高等体育教育专业人才培养目标变化一览表

修订时间	培养目标主要内容
1980年	在全面学习的基础上有所专长，具有从事中等学校体育教学训练、竞赛、裁判和管理场地设备等能力
1986年	培养德、智、体、美全面发展的中等学校体育教师
1993年	培养德、智、体、美全面发展的，从事体育教育和科研工作的中等学校体育教师
1998年	培养适应中国社会主义现代化建设的实际需要，德、智、体全面发展，具有良好的科学素养，掌握体育教育基本理论、基本知识和基本技能，并受到体育科学研究基本训练的体育教育专门人才
2004年	培养能胜任学校体育、教学、训练和竞赛工作，并能从事学校体育科学研究、学校体育管理及社会体育指导等工作的复合型体育教育人才

资料来源：贺忠慧. 当代本科体育专业人才观和专业设置变革的研究[D]. 北京：北京体育大学，2006.

从1985年开始，经过三次的本科专业调整，14家高等体育专业院校本科专业设置经历了如下变化：一是新建专业不断开设，民族传统体育、社会体育、运动人体科学等新开设专业在高等体育专业院校内不断开设；二是学位授予点大量增加，运动训练学专业由 1985 年之前的 6 所增加到 14 所，民族传统体育专业由 1985 年之前的 3 所增加到 11 所，社会体育和运动人体科学专业也分别增加了 10 所和 9 所学校（见表 5-3）。

表 5-3　1985~1999 年高等体育专业院校本科专业设置概况

高等体育专业院校	体育教育	运动训练	民族传统体育	社会体育	运动人体科学	体育管理	特有专业
北京体育学院	√	√	√	1999	1999	1985	
上海体育学院	√	√	√	1999	1989	1995	新闻学
成都体育学院	√	1986	1998	1999	—	—	运动医学
武汉体育学院	√	√	1991	1999	1995	1985	应用心理学
沈阳体育学院	√	1986	1994	1999	—	—	
西安体育学院	√	√	1995	1999	1999	—	
广州体育学院	√	√	1997	1998	1996	—	
南京体育学院	√	1994	1998	—	—	1998	
首都体育学院	√	1994	—	—	1990	—	
哈尔滨体育学院	√	1989	—	—	1999	—	
吉林体育学院	√	√	√	1999			
山东体育学院	√	1993	1997	—	—	—	
天津体育学院	√	1995	—	1994	—	—	
河北体育学院	√	1986	1993	1985			
合　计	13-0-0	6-8-0	3-8-3	0-10-4	0-9-5	0-3-11	

注：√表示 1979 年以前设立的专业；年份代表新设立专业时间；—代表未设专业，合计一栏数字代表已设专业学校数量-新增专业院校数量-未设专业学校数量。

5.3.3 扩大体育人才培养目标，拓展竞技体育人才培养途径

改革发展时期，为了适应国家对于竞技体育人才的需求，高等体育专业院校开设了运动训练、民族传统体育、体育生物科学、体育保健康复以及体育管理等专业，以培养竞技体育所需的教练员、科研人员和体育管理人员（见表5-4），部分体育专业院校（北京体育学院、武汉体育学院、南京体育学院、沈阳体育学院等）通过运动训练专业和民族传统体育专业以及业余体育训练培养优秀运动员。加上体育专业院校以培养体育师资为主的传统专业，此时期高等体育专业院校人才培养目标逐步扩大，形成了培养体育师资、教练员、科研人员、体育管理人员、优秀运动员的人才培养目标体系。

表5-4 体育学各专业人才培养概况

专业名称	培养目标
体育教育	培养从事中等学校体育教育和科研工作的体育教师
运动训练	从事运动训练实践和科学研究的教练员、专项教师和科研人员
体育管理	培养从事体育管理工作和理论研究的体育管理专门人才
体育生物科学	培养从事体育生物科学教学和科研工作的专门人才
体育保健康复	培养从事体育保健与体育康复工作的专门人才
民族传统体育	从事武术教学、训练、科研工作的专门人员

资料来源：北京体育学院志（1953—1993年）。

在竞技体育人才培养途径方面，此时期6所直属体育专业院校加强了教育体系与竞技体系的结合，地方体育专业院校也参与到竞技体育人才培养中来，高等体育专业院校的竞技体育人才培养途径逐步增多。具体表现在三方面。第一，开设与竞

技体育紧密相关的运动训练和武术专业，1985~1999 年中国 14
所体育专业院校均开设了运动训练专业，12 所体育专业院校开
设了武术专业（民族传统体育专业）。第二，培养服务竞技体育
的专门人才。运动训练和武术专业均以培养竞技体育人才为主
要目标，生源均来自优秀运动队和业余体校，在招生和培养过
程中注重学生的竞技运动成绩。例如，北京体育学院运动训练
专业部分学生在入学时或者经过大学训练，运动成绩达到运动
健将或者一级运动员水平（见表 5-5），而该专业毕业生主要从
事运动队、业余体校的教练员和科研人员等方面的工作。同样，
体育生物科学、体育保健康复等专业也以服务竞技体育为主要
办学方向，培养服务竞技体育的优秀人才。第三，人才培养途
径竞技化。一些地方性体育专业院校实行体育学院与体工队相
结合的办学模式，如南京体育学院实行的"三位一体"人才培
养模式。各体育专业院校大力发展竞技体育学校等途径培养竞
技体育后备人才。

表 5-5　北京体育学院运动训练专业 1983~1989 级等级运动员

年级	入校数				在校通等级数			
	运动健将	比例	一级运动员	比例	运动健将	比例	一级运动员	比例
1983 级	3	2.5%			3	3%	38	32%
1984 级	15	13%	5	4%	3	3%	32	27%
1985 级	9	3.8%			2	3%	22	28%
1986 级	15	15%	24	24%	1	1%	26	25%
1987 级	19	15%	57	46%			16	13%
1988 级	28	25%	39	35%	1	1%	16	15%
1989 级	13	18%	16	23%	1	1.2%	12	17%

资料来源：北京体育大学校史（1953—2003 年）。

5.4 小结

改革与发展时期，应高等教育管理体制改革、高等教育和体育事业的发展需求，高等体育教育进行了一系列改革，学校办学自主权逐步扩大，办学目标定位、专业设置、人才培养模式均倾向于发展竞技体育。改革与发展使得高等体育专业院校在增加办学自主性、提升在竞技体育中地位的同时，也产生了新的问题，具体如下。

（1）办学自主权下放利弊共存：办学灵活与整体发展失控并存

教育主管部门的简政放权以及体育专业院校办学自主权扩大在一定程度上增加了高等体育专业院校在专业方向调整、课程设置、专业招生规模、办学特色等方面的灵活性，学校办学更适应社会发展需求。但由于"条块分割"管理格局，学校之间缺少有效的协调和监控，学校发展呈现盲目性，造成部分体育专业院校办学特色缺失。

在专业设置和调整方面，为了适应国家经济建设和体育事业发展对人才的需要，各体育专业院校增设或撤销部分专业，合理控制招生规模，提高办学的科学性。为了适应中国体育事业的发展，各体育专业院校相继开设运动训练和武术专业，以培养竞技体育专门人才。1993年3月，山东体育学院结合山东省的社会需要以及本校的师资、设备、场地等方面的办学状况恢复了运动系，增设了运动训练（本科）、体育卫生（专科）两个专业，并试办了武术保安专业（专科）。1998年，体育卫生专业因专业口径过窄，停止招生。1997年，考虑到山东省共有16所学校设置体育教育专业，其毕业生供大于求的实际情况，山东体育学院酌情减少了体育教育专业本科的招生人数，并停招了体育教育专业专科，而将办学重心转移到全省独有的运动训练、武术两个专业，确定重点招收这两个专业的学生❶。

在课程设置方面，结合社会的发展需求，各体育专业院校不断调整课程设置。例如，北京体育学院为了适应体育教育事业对体育人才知识结构的需求，增设体疗康复、理疗康复、管理心理学、骨龄与生长发育、体育社会学、比较体育等27门课程，这些课程的设置适应了体育科学的发展，拓宽了学生的知识面。武汉体育学院不断修订教学计划：适当减少总课时数，给学生更多自主学习时间；适当加大基础课程（如外语课、计算机课、运动人体有关课程等）的课时数；适当调整理论课程与技术课程比例等，以适应市场经济的发展形势，满足社会变革所带来的对人才需求变化。

高等体育教育主管部门的宏观监控与统筹规划有助于各体育专业院校层次划分和合理布局，进而突出办学特色。1991年，原国家体委下发《直属体育学院〈八五〉事业发展规划》，指出直属体育专业院校要在学科建设方面形成办学特色，"八五"期间建设2~3个具有国际先进水平的优秀重点学科，并有计划地引进新兴学科。到1994年，各直属体育专业院校公布重点学科分布情况：北京体育学院12个，分别为运动训练学、运动解剖学、运动生理学、体育保健康复学、运动生物力学、运动生物化学、田径、排球、足球、体操、游泳和乒乓球；上海体育学院5个，分别为学校体育学、运动生物力学、武术、排球和体操；武汉体育学院3个，分别为运动心理学、田径和篮球；西安体育学院1个，为田径；成都体育学院4个，分别为运动生理学、武术、体育史和中医骨伤科学；沈阳体育学院3个，

---

❶ 山东体育学院校史编审委员会. 山东体育学院校史［Z］. 山东体育学院内部资料，2008.

分别为学校体育学、体育社会学和足球。❶ 通过对各直属体育专业院校重点学科进行部署，从整体上规划了学校的学科发展重点，实现了学校的优势资源整合，加强了专业设置和学科建设。但是由于体育专业院校之间的"条块分割"管理格局，直属体育专业院校与地方体育专业院校之间、地方体育专业院校之间难以形成统一的办学规划，导致部分学校的专业重复设置，教育资源的配置和学校结构布局不够合理，办学效益不高，造成人、财、物方面的浪费。例如，由于体育专业院校在学科和专业发展方面缺少领导部门的统一规划，体育专业院校新增专业主要集中在运动训练、民族传统体育、社会体育和运动人体科学专业，新增这些专业的院校数量分别为 8-8-10-9（见表5-3），而体育管理和特色化的专业开设数量较少，导致专业设置和办学风格相似，学校办学重点不突出，致使体育专业院校难以形成办学特色。

（2）开创了"体教结合"新模式，增加竞技体育人才供给量，多方面服务竞技体育

通过"三位一体"、发展竞技体校等方式，高等体育专业院校成为培养优秀运动员的重要渠道，增加了优秀运动员的培养数量；通过完善继续教育培训体系，提升了运动员的理论知识水平；增设运动训练专业、体育生物科学专业等，实现培养教练员和科研人员的目标。

南京体育学院实行的"三位一体"竞技体育人才培养模式，为国家培养了多名竞技体育优秀人才，先后有 15 人 23 人次 20 项次获得奥运会冠军，98 人 309 人次 196 项次获得世界冠军（见表5-6）；172 人 475 人次 362 项次获得亚洲冠军；5 人次打

---

❶ 熊晓正，钟秉枢. 新中国体育六十年 [M]. 北京：北京体育大学出版社，2010.

破世界纪录。经过多年的发展，南京体育学院发展成为名副其实的"世界冠军摇篮"。"三位一体"体教结合模式，是南京体育学院充分利用自身优势，实现教学、训练、科研三者的融合，展现了体育专业院校的办学特色，实现了规模效益的最佳化。"三位一体"办学模式获得的成就得到了社会的认可，时任原国家体委主任的伍绍祖曾到南京体育学院进行调研学习。但是受"三级训练体系"的影响，这种办学模式未能在所有高等体育专业院校中广泛开展，部分体育专业院校未能实现与省、市体工队合并，仅仅在部分项目上进行合作。"三位一体"办学模式实现了竞技体育与高等教育的结合，但是仍然存在"学训矛盾"。对于南京体育学院的实践，南京体育学院院长张雄曾撰文总结："南京体育学院现行的竞技人才培养方式远未臻于完善，其特色更多来自历史渊源。但从现实体制层面上看，由于所提供的九年义务教育和高等教育均纳入国民教育序列，这就为推进竞技人才培养的下一步探索准备了必要条件，也为今后顺应时代潮流、深化'高校办运动队'的尝试奠定了实践基础。"❶

高等体育专业院校通过完善继续教育培训制度，为运动员和教练员举办各种形式的教育活动，使高等体育专业院校成为教练员和运动员的培训基地。"九五"期间，高等体育专业院校承办了71场高级教练员培训班，122场中级教练员培训班和118场初级教练员培训班，在提升教练员理论、学历水平方面发挥了巨大作用（见表5-7）。经过体育专业院校的通力合作，全国优秀运动队的教练员和运动员参与各种学历教育的比例达到60%，在一定程度上提升了运动员和教练员的文化知识水平。

---

❶ 李中文，马剑. 体育与教育孰轻孰重？南体走出15位奥运冠军是例证[N]. 人民日报，2014-08-28（15）.

表 5-6 1979~2016 年南京体育学院运动员获得世界冠军情况

项目	人数/人	世界冠军名单
羽毛球	19	孙治安、徐蓉、吴建秋、杨阳、赵剑华、葛菲、顾俊、孙俊、刘永、戴韫、钱虹、张军、蔡赟、陈金、卢兰、徐晨、王适娴、成淑、汤金华
乒乓球	9	蔡振华、惠钧、秦志戬、杨影、李菊、邬娜、张莹莹、阎森、陈玘
排球	3	孙晋芳、张洁云、殷勤
技巧	36	胡星刚、周传彪、王立友、赵杰、王沛、杜彪、周再军、苏红、宋娜、冀方新、孟爱国、陶毅、吴俊、王湘愿、周丹、吉晓路、王菊、陈勇军、季磊、沈国华、朱澎涛、胡欣、严松、刘峰、刘会峰、唐建、王磊、巫叶秋胤、周溢、赵玉超、方盛、薛王鑫、张腾、周家槐、芮留铭、李铮
击剑	4	栾菊杰、骆晓娟、仲满、许安琪
举重	2	周培顺、崔文华
跳水	9	吕伟、张玉萍、路海松、杨兰、黄强、石磊、徐浩、许冕、陈苔琳
航海模型	1	蒋建栋
游泳	6	林莉、王晓红、陈艳、年芸、史婧琳、沈铎
体操	3	黄旭、吕博、尤浩
蹦床	2	陆春龙、张凌峰
花样游泳	3	顾笑、呙俐、梁馨枰
武术散打	1	倪春秋
合　计	98	

表 5-7 "九五"期间体育专业院校承担教练员培训情况

项目	高级班			中级班			初级班		
	班次	人数	承办单位	班次	人数	承办单位	班次	人数	承办单位
田径	10	400	北京体育大学、上海体育学院			各省自办			各省自办
体操	5	250	北京体育大学	5	250				
游泳	5	150	北京体育大学	5	200	广州体育学院	13	650	各省自办
篮球	2	80	北京体育大学	1	20	各省自办			各省自办
排球	2	60	天津体育学院	4	120	天津体育学院	4	120	天津体育学院
足球	5	200	北京体育大学	60	2100	12 个足球城市	60	2100	12 个足球城市
乒乓球	4	220							
羽毛球				2	40	上海体育学院	1	20	上海体育学院
举重	3	90	北京体育大学	2	80	上海体育学院	4	160	天津体育学院
摔跤				1	40	武汉体育学院	1	40	武汉体育学院
柔道	2	40	西安体育学院	2	50	西安体育学院			
射击	1	35		4	185	有关城市	4	320	有关城市

续表

项目	高级班			中级班			初级班		
	班次	人数	承办单位	班次	人数	承办单位	班次	人数	承办单位
射箭	1	20	广州体育学院	1	30	广州体育学院	1	50	广州体育学院
击剑	1		成都体育学院	3	60	成都体育学院	6	99	
赛艇	1	40	武汉体育学院	1	40	武汉体育学院	1	40	武汉体育学院
皮划艇	1	40	武汉体育学院	1	50	武汉体育学院	2	70	武汉体育学院
冰雪	1		沈阳体育学院	2		哈尔滨体育学院	2		吉林体育学院
武术	2	60	上海体育学院、武汉体育学院	2	100	上海体育学院、武汉体育学院	2	75	武汉体育学院、成都体育学院
技巧	4	160	上海体育学院	1	40	上海体育学院			
艺术体操	4	140	北京体育大学	1	30	北京体育大学			
帆船帆板	1	50	武汉体育学院	1	50		1	50	
手球	1	20	成都体育学院	1	25	成都体育学院	1	30	成都体育学院
跳伞滑翔			武汉体育学院						

续表

项目	高级班			中级班			初级班		
	班次	人数	承办单位	班次	人数	承办单位	班次	人数	承办单位
空模海模无线电	1	50				南京体育学院			
跳水	1	30	北京体育大学	1	30	湖南、湖北	1	30	各省自办
网球	5	150	沈阳体育学院	6	210		7	720	深圳、上海
花游	1	15	北京体育大学						
水球	1	15	北京体育大学			上海体育学院、成都体育学院			
自行车	3	90		9	180		9	180	上海体育学院、成都体育学院
拳击	3	120		6	240		120		
总计	71	2525		122	4170		18	4325	

资料来源：钟秉枢，左琼. 高等体育教育改革探索（2002）。

（3）扩大对外交流，引进新兴项目、先进运动技术和学术，实现科技服务竞技体育

通过扩大对外开放，高等体育专业院校加大引进运动项目、先进理论、方法力度，从而加快体育学科的发展。在改革开放的指引下，高等体育专业院校充分利用体育人才国际化交流的

有利条件，坚持对外交流为学校教学、科研、训练等服务的指导思想，发挥体育专业院校在运动技术、体育理论、运动项目等方面的带头和引领作用。

在发展、引进项目方面，高等体育专业院校成为引进、提高和发展体育运动项目的排头兵，介绍和引进了大量的新兴体育项目，并逐步向全国推广。此时期高等体育专业院校引进的运动项目有六人制排球、曲棍球、跆拳道、地掷球、门球、软式网球、艺术体操和空手道等。在运动技术引进方面，各高等体育专业院校结合中国竞技体育项目发展状况，积极学习和引进国际先进训练方法手段，为竞技运动项目的发展提供技术支持。1988 年美国跆拳道联合会道场开发委员会委员金圣根先生将发源于韩国的跆拳道介绍进了北京体育学院。后来北京体育学院陆续聘请来自韩国的跆拳道教练杨镇芳、李胜国来校指导训练。经过多年的努力，2004 年雅典奥运会，北京体育大学学生陈中和罗微分别获得了该项目的冠军。北京体育学院还请来日本、加拿大的艺术体操教练，把艺术体操引进中国；多次聘请俄罗斯（苏联）举重功勋教练员来指导举重训练；聘请曲棍球教练员、铅球教练员、摔跤教练员、游泳教练员等，使这些运动项目及其先进技术方法在国内推广，运动技术水平有了较大幅度的提高❶。

在学术、技术引进与交流方面，为了促进学校体育基础理论建设和学科建设的发展，高等体育专业院校加强与世界各地的专家学者进行学术交流，聘请外籍专家来华任教、讲学，汲取国外的先进科学技术和文化成果，使中国体育学科的基础理论建设和学科建设得到了促进和发展。此时期高等体育专业院

❶　北京体育大学校史编委会. 北京体育大学校史第一卷（1953—2003）［M］. 北京：北京体育大学出版社，2013：160-163.

校先后聘请体育理论界的前辈俄罗斯专家马特维也夫，美国休闲体育专家、游泳界权威教练康希尔曼等来华讲学、座谈，这些专家的基础理论和应用技术使我国触摸到学术前沿，学习到先进的理论和知识，创立、发展了自己的体育社会科学、运动训练理论和体育自然科学理论，成就了一批在国内较有名气、造诣较深、理论功底较雄厚的专家学者。同时促进了中国体育专业院校体育人文社会科学、运动训练科学、运动人体科学等学科以及体育项目技术得到长足的发展。

高等体育专业院校通过各种类型的国际交流活动，不断增加聘请外籍专家、学者、教师数量，填补中国和学校的空白和不足，引进先进理念和前沿技术，传授先进的运动技术、战术，提高专业运动技战术水平，使学科、专业建设水平不断提升，加快体育专业人才的培养。

第6章

扩张与优化阶段（1999年至今）

6.1 社会背景

6.1.1 经济全球化发展与国家"科教兴国"和"人才强国"发展战略的提出

进入 21 世纪，国际环境呈现出政治多极化、经济全球化、文化多元化、社会一体化、科技高速化的发展趋势，知识和科技形成的生产力日益成为决定一个国家、一个民族、一个行业竞争地位的关键因素。在此背景下，教育被赋予了更多的历史责任，"教育兴国、教育强国"成为世界各国的重大发展战略。

在国内发展环境方面，21 世纪前 20 年是中国建设小康社会的关键时期，为了保证到 2020 年实现全面建成小康社会的宏伟目标，中国要充分利用人力资源优势，深度开发人力资源，提高人才配置效率。同时要转变经济发展模式，通过培养高素质创新人才提升国家的核心竞争力，以创新促发展、以创新创造寻求新的发展动力。为此，党和国家做出了人力资源是第一资源的科学判断，提出了"科教兴国"和"人才强国"战略。高等教育作为科技和人才培养的前沿阵地，必然要承载起更加重要的历史重担。

6.1.2 高等教育的大众化以及"双一流"发展战略的提出

1997 年亚洲金融危机爆发，亚洲经济呈现一片萧条景象，国内市场也处于低迷状态。1998 年底亚洲金融危机结束，为了尽快恢复国内的经济发展，拉动国内经济需求，国务院决定扩大教育规模，促进教育消费。另外，自 20 世纪 90 年代末，中国教育事业的发展步伐逐步加快，高等教育供不应求的矛盾越显突出，很多人把高考比喻为"千军万马过独木桥"。为了促进经济发展，解决高等教育存在的供需矛盾，1999 年，中国高校开始大规模扩招，并提出"高等教育大众化"的目标，可以说，中国的高等教育从精英式教育转入了大众化教育阶段。1998 年，普通高校共招收本专科学生 108.36 万人、研究生 7.25 万人。从 1999 年起，连续三年大规模扩大招生，年增幅平均达 30% 左右❶❷。

在国家"科教兴国"和"人才强国"战略的指导下，教育成为优先发展的对象，党中央和国务院相继出台了一系列推动高等教育改革和发展的重大决策和战略部署。2004 年，教育部颁布《2003—2007 年教育振兴行动计划》，提出建设世界一流大学和高水平大学的发展目标。2007 年，《国家教育事业发展"十一五"规划纲要》指出高等教育要着力提高教育质量，努力增强学校创新和服务能力。2010 年，《国家中长期教育改革和发

---

❶ 中国教育年鉴编辑部. 中国教育统计年鉴 1997 [M]. 北京：人民教育出版社，1997.

❷ 中国教育年鉴编辑部. 中国教育统计年鉴 1998 [M]. 北京：人民教育出版社，1998.

展规划纲要（2010—2020 年）》明确了中国未来十年"优先发展、育人为本、改革创新、促进公平、提高质量"的教育发展方针，并提出加快"一流大学"和"一流学科"建设步伐的要求。在党中央的重视和领导下，在这些纲领性文件的指引下，中国高等教育在教育规模方面实现了较大突破，实现了由精英教育向大众化教育的转变，国家步入了教育大国行列；实施"211 工程""985 工程""2011 计划"等重大工程，带动了高等教育整体水平的全面提升。国家的战略部署和政策措施加速了高等教育的发展步伐，同样也为高等体育教育发展带来了新的机遇。

6.1.3 北京奥运会的成功举办与建设体育强国的战略需求

北京奥运会的成功举办促进了体育事业的全面、快速发展，国家对体育事业的发展给予了高度重视，体育事业进入蓬勃发展的春天。2002 年，党中央、国务院下发《关于进一步加强和改进新时期体育工作的意见》，指出加快体育事业的全面发展是全党、各级政府和全国各族人民的一项共同任务，并提出了发展体育事业的指导思想、工作方针和总体要求，指明了新时期体育事业的发展方向。2006 年，《国家体育事业发展"十一五"规划纲要》提出了"科教兴体、人才强体"的体育事业发展原则，并要求大力发展体育教育事业，积极发展高等体育教育，高等体育专业院校要坚持教育、训练、科研"三结合"的方针，充分发挥学科优势，培养一批具有世界一流水平的专家和学科带头人，充分发挥教学优势，培养更多体育事业需要的各类人才，充分发挥场馆设施和科研优势，积极开展高水平训练。2008 年，北京奥运会成功举办之后，胡锦涛同志提出了中国由体育大国向体育强国迈进的奋斗目标。北京奥运会的成功举办，在"科教兴体、人才强体"体育事业发展战略需求以及"建设体育强国"发展目标任务的总体影响下，赋予高等体育专业院校为国家和地方体育事业提供教育、科研、训练等多方面人才的使命和责任❶。

6.2　改革与发展

6.2.1　办学目标定位

1."三结合"办学指导思想的深化

2000 年 12 月 15 日，国家体育总局颁布《2001—2010 年体育改革与发展纲要》，提出"把直属体育专业院校建设成为教学、科研、训练三结合基地""加大直属院校教育管理体制、办学体制和内部管理体制的改革力度，合理配置和充分利用现有的体育教育资源，不断改善办学条件，提高办学质量""要适应体育改革和发展的形势，特别是体育社会化、产业化的需要，不失时机地优化专业结构，调整教学内容，改革教学方法，培养跨世纪的各种体育专业人才""充分发挥体育专业院校知识密集，科技含量高的优势，尽快把体育专业院校办成名副其实的教学、科研、训练'三结合'的基地"。在 2001 年直属体育专业院校管理体制改革之后，上海体育学院、武汉体育学院、成都体育学院、西安体育学院、沈阳体育学院 5 所中央与地方共建体育院校要承担服务国家和地方两个层面体育事业的责任，兼顾国家体育总局以及所属地方的训练、竞赛、科研、培训等方面的任务，为国家和地方培养体育专业人才。

随着中国经济的发展，中国举国体制和全民健身计划的全

---

❶　崔乐泉. 中国体育通史（第五卷）[M]. 北京：人民体育出版社，2009：78-80.

面实施，社会大众对于体育健身指导员的需求逐渐增多，高等
体育服务社会的职能逐渐凸显，因此中国高等体育专业院校在
传承以前的建立教育、科研、训练"三结合"基地，培养体育
师资、教练员、科研人员、体育管理人员和优秀运动员等高级
体育专门人才的办学方向基础上，增加了培养社会体育工作者
的职能。由此，高等体育专业院校的教育、竞技、科研和服务
社会职能得到全面体现。

2. 升格运动

20 世纪后期，中国高等教育进入新的发展时期。1997 年，
中共中央做出《深化教育体制改革，全面推进素质教育的决
定》，对高等教育发展提出了新的要求。1999 年，中国高等教育
进入大众化阶段，招生规模大幅度增加，在高等教育跨越式发
展背景下，高等体育专业院校也开启了升级模式。各体育专业
院校以升格大学和争办"985""211"院校为办学目标定位，展
开大规模升格运动。

沈阳体育学院在 2002 年以后，以科学发展观为指导，抓住
中国高等教育跨越式发展、北京举办奥运会和辽宁老工业基地
振兴以及学校实行中央和地方共建的历史性机遇，提出建设国
内一流、世界知名体育大学的奋斗目标，形成"提质量、上水
平，加强内涵建设"的发展思路，并实施了以"突破两个瓶颈"
"五个跨越"为内容的第二次创业。

进入 21 世纪，西安体育学院提出了"为'科教兴体'提供
更多更好的智力支持和人才保障，为国家和陕西的体育事业发
展做出更大贡献，为把西安体育学院办成国内一流、国际有影
响的现代化体育大学而努力奋斗"的办学目标。

武汉体育学院早在 1984 年制定 1984~1990 年学校发展规划
时，就明确提出要积极创造条件，逐步把学校更名为中南体育

大学。进入 21 世纪，2003 年 3 月，湖北省委、省政府印发《关于加强和改进新时期体育工作的意见》（鄂发〔2003〕8 号），明确提出"积极创造条件，努力将武汉体育学院建成以体育学科为主、竞技特色突出、相关学科优势明显的国内一流的多学科体育大学"的要求，并将武汉体育学院更名为武汉体育大学列入湖北省教育事业发展规划。2006～2012 年，武汉体育学院先后三次向湖北省政府提交更名为武汉体育大学的请示报告，但均未成功。而武汉体育学院未动摇更名大学的办学目标定位。

3. 体育专业院校建设"一流大学"和"一流学科"办学目标的提出

面对国内外日益激烈的高等教育竞争，面对建设高等教育强国、体育强国的责任与使命，面对千载难逢的历史机遇与有利条件，面对党和国家的空前重视与关心支持，高等体育专业院校深刻认识到自身的重任，不断解放思想、更新观念、乘势而上，以科学的谋划赢得超常规、跨越式的发展。由此，体育专业院校结合本校的实际状况提出了建设"世界一流体育大学""国内一流体育大学""国内外知名的体育大学"的奋斗目标，为学校的发展指明了方向。

北京体育大学及时适应社会的发展，从战略高度加强对学校未来发展的宏观思考和顶层设计，从国家战略高度准确把握学校的历史使命和发展方向，于 2001 年首次提出"建设世界一流体育大学"的办学目标，并在学校的"十一五"规划和"十二五"规划中进一步深化。以建设世界一流体育大学为目标，北京体育大学不断探索和完善具有中国特色的高等体育专业教育体系和体育专业院校发展模式，进一步明确了学校类型、发展目标、办学层次、培养目标、服务对象等方面的定位。学校总体目标定位是建设教育、训练、科研"三结合"的综合性、高水平、有特色的世界一流体育大学。办学类型定位是教育、训练、科研"三结合"的教学研究型大学。办学层次定位是以本科教育为基础，发展研究生教育，扩大留学生教育和高层次在职人员培训，重视高水平竞技人才和体育科研人才培养，形成多学科、多专业、多层次的优秀体育人才培养体系。培养目标定位是培养品德优良、素质全面、基本功扎实、实践能力突出、特色鲜明的学科体系。服务对象是立足体育，服务社会，面向世界，为体育事业发展提供高级人才保障和高端智力支持。

上海体育学院结合国家"双一流"办学指导思想提出了"以特色性应用研究型大学为定位，对接高等教育强国和体育强国战略，践行'身心一统，德技相长，文理兼修，服务社会'的办学思想，努力建设世界一流体育大学"的办学目标。

南京体育学院、首都体育学院、吉林体育学院、河北体育学院等则以"建设国内一流体育学校"为办学目标定位。沈阳体育学院和哈尔滨体育学院突出冰雪特色，提出"在冰雪等优势项目上勇攀世界体育高峰""特色鲜明、国际国内有重要影响的高等体育强校"的办学目标定位。

2016 年，成都体育学院院长刘青在《深化改革攻坚克难，全面推动学校"十三五"起步开局新发展》报告中强调了成都体育学院在"十三五"规划阶段的工作重点为推进"一流学科"建设，指出重点发展"以体为本、体医渗透、体文结合"的办学特色，围绕建设"体育特色鲜明、多学科协调发展的高水平应用研究型大学"的奋斗目标，力争把"体育学"建成国内一流学科，"运动医学"迈进世界一流学科行列。

一流学科和一流大学办学目标的提出，使高等体育专业院校对自身在高等教育中的地位和作用有了更加深刻的判断，对学校承载的责任和使命有了更加清晰的认识，对学校发展的战略定位与发展路径有了更加深刻的理解。"世界一流""国内一流"等办学目标的确立，为高等体育专业院校的发展指明了方向，为学校发展战略的实施坚定了坚实基础。但这些定位标准在量化边界方面不够清晰，学校的发展规划需要进一步深化。

6.2.2　学科专业设置

1. 培养研究生的二级学科设置自主权进一步扩大与体育专业硕士的开设

2010 年 11 月，教育部办公厅颁发了《授予博士、硕士学位和培养研究生的二级学科自主设置实施细则》，以指导学科授予单位自主进行二级学科硕士学位专业设置。2011 年 2 月，国务院学位办下发了《关于做好授予博士、硕士学位和培养研究生的二级学科自主设置工作的通知》，文件指出学位授予单位可以根据社会需求以及本单位的实际状况，科学、规范和合理地设置二级学科，对于目录内的二级学科，学科授予单位可以自主设置，而目录外二级学科的设置与调整则需经过专家的评审与论证。2011 年新的《学位授予和人才培养学科目录》出台，对学科的管理机制进行改革，将二级学科的设置权下放到学科授予单位，目录修订以一级学科为主。本次改革授予高等体育专业院校博士、硕士学位二级学科设置自主权，增加了高等体育专业院校学科设置的灵活性，一些具有特色的硕士学位，如上海中医药大学的中医保健体育、武汉大学的体育法学、华东理工大学的体育运动材料以及上海体育学院的体育赛事运作和休闲体育学等相继开设，适应了社会发展的需求，提升了人才培养质量。

为了适应社会对高等体育专业人才的需求，为体育系统培养高层次的应用型、实践性体育人才，国务院学位委员会于2005 年颁布了《体育硕士专业学位设置方案》，该方案通过了中国体育专业硕士人才培养计划，并于当年开始招生。体育硕士专业学位开设了体育教学、运动训练、竞赛组织和社会指导四个学科领域，初步构建了体育硕士专业学位研究生的体育学学科体系。体育硕士专业学位的开设解决了中国体育硕士中存在的"学科"与"术科"对立的问题，加强了学科之间的联系。至此，中国高等体育教育硕士研究生人才培养形成体育学硕士研究生、体育硕士、教育（体育方向）硕士等学术与专业并重的多元化硕士研究生教育制度体系。

2. 体育学本科专业设置拓宽与规范以及自主权扩大

自 1998 年的专业调整之后，中国高等体育教育的本科专业目录没有再次进行大规模的专业修订，只是在规范体育本科专业设置、扩大自主设置专业的权力、扩大专业布点等方面有所改变。在规范专业设置方面，2012 年 9 月教育部印发《普通高等学校本科专业目录》，对体育各专业的培养目标和培养方式进行规范，在体育学保持体育教育、运动训练、社会体育指导与管理、武术与民族传统、运动人体科学五个专业不变的情况下，增设运动康复和休闲体育两个特设专业。教育部同时还下发《普通高等学校本科专业设置管理规定》，对高等学校专业设置调整的条件、专业申请程序以及专业监督检查评估等方面都进行了严格规定，进一步规范了高等学校本科专业的设置与管理。在本科专业设置权限方面，2001 年教育部下发《关于做好普通高等学校本科学科专业结构调整的若干原则意见》（教高〔2001〕5 号），增加了高等学校在已获得的一级学科授予权范围内对二级学科的自主设置权，高等学校可以结合社会发展需求以及本单位的资源优势，申请开设新兴专业。此时期高等体育专业院校相继开设了运动健康与康复、休闲体育、体育英语和市场营销等新兴专业，提高了高等体育教育专业调整机制的灵活性，推进了高等体育专业院校的人才培养质量。

6.2.3 管理体制改革

1. 直属体育专业院校管理权限下放

为了适应国家对于高等院校管理体制改革的部署与要求，优化体育教育资源，2001 年，国务院办公厅下发〔2001〕15 号文件，对直属体育专业院校的管理体制进行改革。文件指出："除北京体育大学继续由国家体育总局直接管理，并将其重点建设成为综合性、高水平的教育、训练、科研'三结合'基地外，从 2001 年起，上海体育学院、武汉体育学院、西安体育学院、成都体育学院、沈阳体育学院（以下简称 5 所体育学院）实行中央与地方共建、以地方管理为主的管理体制，采取地方体育部门与教育部门共管、以体育部门为主的管理方式。"文件对 5 所体育学院的职责进行了规定。在服务对象方面，5 所体育学院要继续为国家体育总局和地方政府服务，肩负为国家体育事业培养体育人才，承担国家体育总局运动训练、体育竞赛、科学研究、人才培养等方面的任务，同时承担为地区培养人才的职责；在招生对象方面，5 所体育学院的特色专业可以实行跨省或者面向全国招生，并继续享有免试招收优秀运动员的资格。文件同时对所属地方政府以及国家体育总局提出了要求："有关省（直辖市）人民政府要将 5 所体育学院的建设与发展纳入本地区经济与社会发展规划，5 所体育学院享有本地区政府出台的关于普通高等学校的各项优惠政策。为进一步发挥 5 所体育学院在培养特殊体育人才、提高优秀运动员科学文化素质等方面的作用，有关省（直辖市）要积极支持体育学院进行教育、训练、科研'三结合'办学模式的探索。国家体育总局对 5 所体育学院的专业人才培养、科学研究、信息沟通、扶持特色专业等方面，在政策上继续给予指导、关心和支持。"经过一年多的调整，到 2002 年 5 所体育学院管理体制的改革全部完成。

2. 简政放权：七项办学自主权下放

2013 年党中央发布的《关于全面深化改革若干重大问题的决定》，要求进一步扩大学校办学自主权。在党中央的指导下，2014 年，教改办下发《关于进一步落实和扩大高校办学自主权完善高校内部治理结构的意见》（教改办〔2014〕2 号），从七个方面扩大和落实高等学校的办学自主权，包括：选拔学生权、调整学科专业权、教育教学权、科学研究与技术开发权、教工选聘权、经费使用权、对外交流权。文件的下发扩大了高等学校的办学自主权，为高校自主办学创造了良好的政策环境。

6.2.4 人才培养方式的改革与发展

1. 人才培养目标的拓宽：培养社会体育工作者

随着"体育强国"战略的提出，大众参与体育健身的热情逐步提升，加之体育产业快速发展，相应地带动了社会体育相关专业的发展。自 1999 年开始，多数体育专业院校陆续开设社会体育、公共事业管理、新闻等本科专业，人才培养目标逐渐呈现社会化发展趋势。此时期人才培养目标主要为体育师资、教练员、科研人员、体育管理人员、社会体育工作者、优秀运动员等高级体育专门人才，其中社会体育工作者培养数量逐渐增加，成为体育专业院校的主要培养任务之一。

2. 高等体育专业院校人才交流的国际化进程

改革开放以来，中国出国留学工作经历了从起步到不断发展完善的过程，成为中国改革开放和对外交流的重要窗口。国际化师资和人才培养是建设世界一流大学的关键环节和重要保障，对于提高高等体育专业院校的教育教学质量、提升创新能力和扩大国内、国际影响力具有重要意义。进入 2000 年以后，随着社会经济的快速发展，高等体育专业院校的对外交流合作机会逐渐增多，在培养方式、培养过程中不断融入国际化元素，并取得了显著成效。

（1）国内外联合培养博士项目

为贯彻落实科教兴国战略和人才强国战略，加大国内高校的对外交流合作，推进高水平大学建设，经国务院批准，教育部、财政部于 2007 年 1 月设立了"国家建设高水平大学公派研究生项目"。北京体育大学获准加入此项目，并从 2008 年开始，每年选派一定数量的研究生出国进修学习。截至 2013 年 6 月，北京体育大学共选派了 72 名博士、硕士研究生到美国、英国等体育和教育学科发达的国家学习、深造，率先走出了一条中国体育学研究生国际化教育的发展道路，对于促进学校的国际化具有深远意义。另外，经教育部批准，北京体育大学于 2003 年对奥运冠军和世界冠军这一特殊群体实行研究生免试入学，创办了北京体育大学研究生"冠军班"。在学校的积极申请下，经国家留学基金管理委员会审批，2004 年，学校积极争取到国家留学基金管理委员会针对优秀运动员和教练员的出国留学专项资助。随后学校选派"冠军班"成员李玲蔚作为首批留学生到英国拉夫堡大学深造。此后，李娜、张怡宁等 47 人分批次到英国利兹大学、美国威斯康星大学（麦迪逊）、英国剑桥大学等国外高等学校进行学习、交流。北京体育大学也成为国家留学基金管理委员会资助硕士研究生层次公派留学、以团队的形式集体选派体育人才出国学习的首家高等院校。"冠军班"公派留学项目展现了中国优秀运动员良好的精神风貌，传播中国体育文化，促进中外体育文化的交流，同时也增加了国外先进训练理论与实践经验的引进。

（2）引进国际优秀专家、学者

引进国外导师联合培养博士生，聘请外国专家来学校教学，举办讲座，开研讨会，已经成为国内高等体育专业院校的发展趋势。通过此活动，高等体育院校为学生提供了很好的学习国外先进成果的机会。如北京体育大学在学生培养教育工作中，通过外国专家学者的参与，使学校教育的国际化程度越来越高，人才培养质量也在逐步提升。

（3）留学生教育扩大化

留学生教育是学校国际化人才培养体系的重要组成部分。留学生的数量和占全校学生的比例，是衡量学校国际化程度的重要标志。随着中国留学生招生政策的不断开放，中国高等体育专业院校具有招收留学生资格的院校逐渐增多，招生数量不断增加。此时期高等体育专业院校不断提高留学生的教学质量，扩大留学生的招生规模，优化留学生结构，加大学历生比例，扩大中国高等体育教育在国内外的影响。北京体育大学在1999~2013年，逐步扩大硕士、博士研究生留学生比例，15年间共培养博士研究生170人，硕士研究生275人，并且还开设了国际短期培训班，增加国际交流合作机会（见表6-1）。上海体育学院作为中国政府奖学金资格学校和教育部指定的自主招收中国政府奖学金留学生试点院校，截止到2013年，先后培养了包括美国、德国、意大利、澳大利亚在内的16个国家的260余名留学生，促进了学校的国际化交流。"十一五"期间，上海体育学院还与18个国家和地区的50多所高校建立校际合作关系，从而拓宽了学校的国际交流平台，增加了学校的国际交流机会。

表 6-1　北京体育大学 1999~2013 年留学生教育人数❶

单位：人

年份	博士生	硕士生	本科生	进修生	短训	合计
1999	2	7	27	129	773	938
2000	3	7	34	128	618	790
2001	3	8	35	100	723	869
2002	7	12	43	79	544	685
2003	10	21	64	118	198	411
2004	11	25	63	125	949	1173
2005	15	29	61	149	674	928
2006	14	33	90	119	1043	1299
2007	13	29	97	62	829	1030
2008	13	20	104	97	535	769
2009	14	17	100	93	1014	1238
2010	10	10	101	59	566	746
2011	12	19	94	80	658	863
2012	21	18	171	102	670	982
2013	22	20	157	206	257	662

（4）"体教结合模式"的探索：北京体育大学研究生"冠军班"成立

为了支持中国体育事业发展，提高体育科研水平，加快高层次体育人才的培养，国家体育总局批准北京体育大学从 2003 年起在全国范围招收部分优秀运动员和教练员免试攻读体育专业硕士学位研究生。研究生"冠军班"的培养对象是在国际大赛上获得

❶　池建. 体育教育国际化——北京体育大学国际化建设历程 [M]. 北京：北京体育大学出版社，2014：23-24.

冠军的运动员或者指导运动员获得国际大赛冠军的教练员。在培养模式方面，北京体育大学探索了一名校内学业指导教师加一名校外项目专家加一名同专业学生的"1+1+1"人才培养模式，与集中上课、校内外插班学习、参加学术讲座、国外访学以及函授学习相结合的多元化学习模式，缓解了运动员的"学训矛盾"。北京体育大学"冠军班"是"体教结合"的新模式，是国家体育总局培养高层次人才的重要探索，通过这种模式提高了运动员和教练员的理论知识、训练管理、科研工作的能力，为中国体育事业培养出高层次应用型科研、管理、训练人才。

（5）对外文化传播平台的搭建——卑尔根孔子文化学院成立

国际交流合作是学校国际化的重要特征和主要渠道，随着中国高等体育教育的发展，教学、训练、科研水平有了一定程度的提升，对外交流合作的要求也逐步提升。为吸收国外先进体育、文化教育理念和资源，并向世界展示中国体育教育事业的发展成果，北京体育大学与挪威合作成立卑尔根孔子文化学院。卑尔根孔子文化学院的建立，搭建起中外教育合作的途径，提供了向国外展示武术、太极拳、导引养生功等中华民族传统文化的平台，同时也加速了中国高等体育教育的国际化发展进程。❶

6.3 主要特征

6.3.1 办学目标定位

1. 办学发展目标定位由注重规模效益向质量效益方向发展

1999 年以来中国高等教育进入规模扩张时期，各高等体育

---

❶ 池建. 体育教育国际化——北京体育大学国际化建设历程 [M]. 北京：北京体育大学出版社，2014：123-124.

专业院校不断加入到规模扩招行列，增设新兴专业，增加招生数量，开展了一场升级运动。随着学校规模的扩张，部分体育专业院校以"更名"大学为发展目标，努力达到"更名"大学的专业数目和招生规模要求，由此各体育专业院校呈现出专业数目求"全"、招生规模求"大"的发展趋势。规模扩张也带来一系列的问题，最突出的是教学资源紧张和教学质量下降。为了提升高等院校的办学质量，促使其由规模式发展向内涵式发展，教育部实行普通高等学校教学工作水平评估制度，颁布了《普通高等学校本科教学工作合格评估实施办法》《普通高等学校本科教学工作合格评估指标体系》，同时开展了学科专业评估工作，并提出"双一流"的发展目标。在一系列教育政策的引导下，高等体育专业院校开始注重教学质量和学科专业的层次化发展，办学方向由横向规模扩大向纵向办学质量发展，突出"点"，注重"质"，重点发展某一学科专业，提高学科专业发展质量（见表6-2）。

表 6-2　中国高等体育专业院校办学目标定位情况

校　名	办学目标定位
北京体育大学	以邓小平理论和"三个代表"重要思想为指导，紧紧围绕高等教育和体育事业发展实际，全面落实科学发展观，努力建设社会主义和谐校园，进一步解放思想、紧抓机遇、开拓务实、加快发展，为建设世界一流体育大学而努力奋斗！
上海体育学院	以特色性应用研究型大学为定位，对接高等教育强国和体育强国战略，践行"身心一统，德技相长，文理兼修，服务社会"的办学思想，以改革创新为动力，以提高质量为核心，深化内涵建设，努力建设世界一流体育大学
成都体育学院	以体为主、体医渗透、体文结合，培养"一专多能"应用型人才

续表

校　名	办学目标定位
武汉体育学院	融体育、科技、人文教育为一体，集道德、文化、专业素质于一身
沈阳体育学院	坚持教学、训练、科研"三结合"，培养专业技能突出、实践能力强的应用型体育人才和优秀竞技人才，在冰雪等优势项目上勇攀世界体育高峰，打造核心竞争力，形成鲜明的办学特色
西安体育学院	笃学重教、造就人才、服务体育、福佑人民
广州体育学院	"健康第一、体育人文科技融合"的办学理念、"扬岭南体育文化、育南国体育人才"的办学特色和"凝心聚力，创新驱动，为建设特色鲜明的高水平体育大学而努力奋斗"的办学方向
南京体育学院	教育特色鲜明、竞技成绩优异、科研成果丰硕、服务功能突出的省内领先、国内一流、国际知名的应用型体育学院
首都体育学院	以"精心育人"为目标，以"精细管理"为基石，以"精品建设"为导向，打造"精致典雅"的中国一流高等体育专业院校
哈尔滨体育学院	冰雪特色鲜明、国际国内有重要影响的高等体育强校
吉林体育学院	吉林体育学院特色、国内体育专业院校一流、世界竞技体育水平
山东体育学院	服务竞技体育、群众体育与体育产业和文化三大领域，施人才强校、科研强校和文化强校三大工程，进一步提升办学水平，创办人民满意教育，努力为建设经济文化强省和体育强省做出新的更大的贡献
天津体育学院	以体育学科为主、相关学科协调发展的办学特色与优势，建成国际知名、国内一流、高水平、有特色的现代体育大学
河北体育学院	立足体育、育人为本，顺应时代、服务社会，注重后备人才培养，提高服务社会意识，全力打造国内著名、特色鲜明的高等体育专业院校

资料来源：各学校官方网站（截止到 2017 年 1 月）。

2. 办学方向：服务竞技体育结构性调整与注重服务社会体育

在扩张与优化阶段，受规模扩大的影响，高等体育专业院校在服务竞技体育方面进行了结构性调整，由重点培养优秀运动员转向科技和管理服务竞技体育。同样，为了适应国家"科教兴体、人才强体"体育事业发展战略需求以及"建设体育强国"发展目标任务，高等体育专业院校调整办学方向，增设社会体育相关专业，调整社会体育人才培养目标，扩大服务社会体育范围。

培养优秀运动员作为高等体育专业院校的主要办学特色，在规模扩大阶段，高等体育专业院校在竞技体育中扮演的角色逐步发生改变，不再仅仅注重培养优秀运动员，而是转向科技支持和管理服务竞技体育。在 2008 年北京奥运会上，高等体育专业院校自主培养的学生运动员（不包括运动员学生和被选拔到上一级训练单位的运动员）仅获得金牌 1 枚、银牌 7 枚。但是全国 14 所体育专业院校通过科技支持、管理服务、人才培训等方式参与支持奥运会。在科技支持方面，全国 14 所体育专业院校共承担 227 项 2008 年北京奥运会的科研课题，课题经费总额达 2776.82 万元。在管理服务方面，体育专业院校共有 61 名教练员，33 名管理人员，152 名科研人员，32 名医疗人员，374 名组委会工作人员和技术官员，5801 名志愿者参与支持奥运会。在人员培训方面，体育专业院校共举办了 43 次与奥运会相关的培训班，包括管理人员、教练员、裁判员以及志愿服务人员等方面的培训班，培训的人数达到 21919 人。❶

在社会体育服务方面，高等体育专业院校相继增设了与社会体育相关的体育市场营销、体育新闻、体育旅游、健康服务

---

❶ 黄浩军，沈贞伟，周昀. 中国体育专业院校特色办学刍议 [J]. 成都体育学院学报，2010，36（6）：1-4.

与管理、体育经济与管理、广告学、经济学、体育休闲、体育产业管理、运动康复与健康、体育表演等专业，培养社会体育服务人才。随着培养社会体育专门人才的专业数量不断增加，各专业招生规模也不断增加，而传统的运动训练专业和体育教育专业在招生规模方面没有增加，专业发展呈现向社会体育方向发展趋势。另外，传统的以培养竞技体育人才为主的运动训练专业和以培养体育师资为主的体育教育专业，也增加了服务社会体育的职能。广州体育学院运动训练专业人才培养目标为："培养……具备在基层运动队和各级学校组织实施运动训练、体育教学、休闲运动项目指导、管理和从事其他相关体育工作的基本技能，具有广泛社会适应能力的高素质、复合型体育专门人才"。❶ 山东体育学院运动训练专业人才培养目标为："培养……具有较强的创新精神和实践能力，能胜任运动训练、体育教学和社会体育健身指导等工作的应用型人才"。同样，体育教育专业也增加了服务社会体育的职能。北京体育大学体育教育专业人才培养目标为："培养……能从事学校体育教学、训练、竞赛工作，并能从事体育科学研究、体育管理及社会体育指导等工作的一专多能的复合型体育人才"。

3. 办学类型定位：由教学单一型向教学科研型、科研型、科研教学型等多样型并存方向转变

"文化大革命"破坏了中国高等体育专业院校的正常教学秩序，各院校相继停止办学。在"文化大革命"后期，高等体育专业院校逐渐恢复办学，受当时的政治、经济形势以及学校状况的制约，高等体育专业院校以"开门办学"为办学宗旨，围绕教学、训练开展工作，而科研职能未能得到体现。此时期高等体育专业院校的办学类型主要以教学型为主。

---

❶ 广州体育学院本科专业人才培养方案（2007 年 7 月）（内部资料）。

进入 20 世纪 80 年代，为了解决教育体系与竞技体系的矛盾，直属高等体育专业院校提出教学、训练、科研"三结合"的发展方向，承担既培养师资又培养教练员、科研人员、体育管理人员和优秀运动员的任务。1985 年体育专业院校工作会议再次强调了把体育专业院校办成"三结合"高水平基地的发展方向，提出"教学是基础，科研是先行，科学训练是运动员成才的关键"的论调，要像美国高校那样直接为国家培养运动员、培养争夺奥运金牌的主力。1986 年原国家体委全国体工会指出，体育专业院校要建成教学、科研、训练"三结合"中心，以改变体育专业院校学术和运动技术水平不高、权威性不强、与体育师范学院区别不大、特色不够鲜明的状况。体育专业院校的学术特性和竞技特性逐渐被重视。部分体育专业院校的办学类型逐渐发生改变，办学类型逐渐多样化。

在原国家体委的政策指导下，中国部分高等体育专业院校逐渐转变办学方向。北京体育大学办学类型定位是教育、训练、科研"三结合"的教学研究型大学❶；上海体育学院办学类型定位于应用研究型大学❷；自 2003 年起，武汉体育学院以"申博扩硕"和内涵建设为引擎，以"更名"为推手，经过十年的努力，逐步实现由单科性体育专业院校向多科性、研究型大学的历史跨越，办学层次进一步提高。按照《再探大学分类》中提出的中国大学分型标准，2004 年北京体育大学进入 77 所研究教学型大学名单之列，上海体育学院、武汉体育学院进入教学研究型大学之列，而其他的 11 家体育专业院校被归为教学型大学

---

❶ 北京体育大学校史编委会. 北京体育大学校史第二卷（2003—2013）［M］. 北京：北京体育大学出版社，2013：12.

❷ 上海体育学院，http://www.sus.edu.cn/xxgk.htm.

之列❶❷。体育专业院校办学类型的确定并不意味着类型的单一化，教学、训练、科研是每所体育专业院校的基本职能，区别在于教学、训练、科研三个方面结合点以及侧重面不同。

6.3.2 高等体育专业院校"1+5+8"管理格局的形成

随着中国直属体育专业院校管理体制的改革，14 所高等体育专业院校的管理体制形成"1+5+8"的三层管理模式，即 1 所国家体育总局直属体育专业院校，5 所国家体育总局与地方政府共管的体育专业院校，8 所地方政府管理的体育专业院校。在部门主管方面，5 所共管体育专业院校的地方主管部门也逐渐由地方体育局与教育局共管，过渡到地方教育局主管。

直属高等体育专业院校管理体制改革，是中国高等体育专业院校发展征程中的里程碑，改变了高等体育专业院校的管理格局，明确了高等体育专业院校的分层管理，影响了不同层次学校的办学目标定位和发展走向。此次管理体制改革增加了地方政府的办学自主权和决策权，缓解了部门办学主体单一的问题。

5 所体育专业院校管辖权的下放，改变了传统的中央直属体育专业院校与地方体育专业院校两种管理体制的模式，增加了中央与地方共建型体育专业院校，高等体育专业院校办学模式更加多元，管理部门更加分散。第一，直属体育专业院校管理体制改革，改变了直属体育专业院校的服务区域，学校划转中央与地方共管之后，体育专业院校的服务区域由单一的服务国家体育事业向服务国家和地区体育、教育事业以及社会需求方面发展，加上地方体育专业院校和中央直属体育专业院校共同构成多层次的办学服务格局；第二，直属体育专业院校管理体

---

❶　武书连. 挑大学选专业［M］. 北京：中国统计出版社，2002：23.

❷　武书连. 挑大学选专业［M］. 北京：中国统计出版社，2004：34.

制改革，获得了地方政府为学校发展提供的资金和政策支持，此外国家体育总局在训练和科研方面仍与各共建院校保持紧密联系，为学校发展提供技术和资金支持，促进学校的发展。高等体育专业院校管理权力下放，在一定程度上缓解了传统的条块分割、条条为主的办学困境，形成条块结合的办学格局，增加了地方办学的积极性。高等体育专业院校在扩大办学自主权方面进行的改革，给予高等体育专业院校在专业设置、课程设计、招生方向等方面更大自主权，拓宽了学校的服务方向，扩展了学校的办学思路，使高等体育专业院校能够结合社会需求开设新兴专业，满足国家和地区对高级体育专门人才的需求。但是中央政府在权力下放的同时缺少对地方体育专业院校的统筹规划和宏观指导，加之地方政府管理体育专业院校的经验尚不成熟，使地方发展高等体育教育的积极性、灵活性变成了盲目性。在大规模扩招和"更名"的背景之下，体育专业院校出现了"教育革命"，致使体育专业院校专业设置数量大幅度增加，办学规模迅速扩张。

6.3.3 学科专业设置向综合化方向发展

在高等体育教育大众化发展阶段，中国高等体育专业院校学科专业设置逐渐向综合化方向发展，具体表现在以下两方面：第一，学科专业门类增多；第二，专业设置种数增多。

在本科教育方面，截止到1995年，14所体育专业院校都开设了体育教育、运动训练两个专业。而到2015年，14家体育专业院校本科专业开设数量达到42种，涵盖教育学、管理学、经济学、理学、医学、文学等8个学科门类。自2000年哈尔滨体育学院、首都体育学院和天津体育学院开办民族传统体育和社会体育专业，2001年山东体育学院、南京体育学院开设社会体育专业之后，运动训练、体育教育、民族传统体育、运动人体科学和社会体育 5 个专业成为 14 所高等体育专业院校的普遍开设专业。近年来 14 家体育专业院校相继开设了运动康复与健身专业，也成为体育专业院校的普遍开设专业。

另外，随着社会的发展，各高等体育专业院校结合自身学科优势与社会需求增设一批新兴特色专业，如 2006 年北京体育大学增设体育产业管理专业，2006 年广州体育学院增设休闲体育专业，2005 年西安体育学院增设播音主持艺术专业，2012 年成都体育学院充分发挥"体医结合"优势增设康复治疗学专业，2012 年武汉体育学院开设信息管理与信息系统专业。由此可以发现，新时期高等体育专业院校的专业设置呈现出综合化和社会化发展趋势，专业设置越来越全面，与社会需求联系越来越紧密。但是 14 所体育专业院校存在学科设置趋同、追求大而全的缺点。高等体育专业院校的专业布点也大幅度增加，武汉体育学院由 1999 年的 7 个专业增加到 2016 年的 25 个专业（3 个专业没有招生），西安体育学院也由 1999 年的 6 个专业增加到 2009 年的 18 个专业，专业数量不断增加。在学科专业门类方面，此时期高等体育专业院校增加交叉学科专业种数，学科门类增加到 8 种，涵盖教育学、管理学、经济学、理学、工学、医学、艺术学、文学等多个学科门类。

6.3.4 人才培养目标倾向社会体育，人才培养途径规模化、国际化

在中国高等教育、体育事业快速发展的社会背景下，高等体育专业院校不断调整办学方向，主动服务"全民健身计划"，人才培养目标由注重培养竞技体育人才向注重培养社会体育人才方向转变，并不断扩大招生规模，加大开放办学力度，以适应建设人力资源强国、高等教育强国、体育强国等国家战略需求。

1. 人才培养目标倾向社会体育

通过对高等体育专业院校主要本科专业（开设本专业的学校在 4 个以上）人才培养目标进行统计发现，20 个专业的人才培养目标均涉及社会体育领域。传统的以培养体育师资的体育教育专业也调整培养目标，增设社会体育指导员的人才培养。同样运动训练专业的服务对象也拓展到体校、学校、社区、体育俱乐部等部门（见表 6-3）。在专业招生比例方面，高等体育专业院校的传统专业体育教育专业招生保持不变或者略有下降，而与社会体育相关的专业招生数量逐渐增多，如社会体育指导与管理、休闲体育、广告学、新闻学等（见表 6-4）。

表 6-3　高等体育专业院校主要专业人才培养目标

专业名称	专业人才培养目标
体育教育	培养从事学校体育教育、体育管理、运动训练、社会体育指导等工作的教师和其他体育专门人才
运动训练	培养能胜任运动训练、体育教学和社会体育健身指导等工作的应用型人才
民族传统体育	培养从事民族传统体育专业教学、训练、科研及管理工作的高质量应用型专门人才
运动人体科学	培养从事教学、科研、健身指导和康复治疗工作的应用型人才
英语	培养体育各专业、各学科的口译与笔译、体育科技情报、体育信息、体育管理、体育产业（体育俱乐部、体育用品、体育新闻、体育中介、体育运动法规等）、体育网络编辑、各种体育赛事组织与联络和对外体育交流活动的实用型、复合型的英语高级专门人才
计算机科学与技术	培养计算机科学与技术教育、研究和应用等方面工作的高级专门人才

续表

专业名称	专业人才培养目标
教育技术学	培养体育教学媒体设计、开发、运用、管理、评价和从事体育类节目摄、录、编及体育动画设计的应用型人才
运动康复与健康	培养康复治疗、运动伤害防护、社区康复、健康管理、全民健身指导、体能教练工作等应用型人才
社会体育	培养群众性体育活动的组织管理、技术指导、锻炼咨询、经营开发以及体育教学与科研的应用型高素质体育专门人才
特殊教育	培养残疾人体育教学、训练、竞赛组织与管理，以及残疾人康复训练指导等方面的高级技能型人才
公共事业管理	培养从事体育工商管理、体育市场经营、体育机关管理及本专业方向学校教学与理论研究的专门人才
应用心理学	培养能在运动队、体育科研机构、体育社会团体、学校和体育事业单位等部门从事心理教学、科研、咨询服务、技术开发等工作的专门人才
体育经济与管理	培养能在体育经济管理部门、体育产业开发部门从事体育经济分析、预测、规划和经济管理工作的专门人才
休闲体育	培养休闲体育的产业经营管理者、研究和组织策划者、教育者、指导者、经纪人以及设备技术人员等具有创新精神的复合型应用人才
舞蹈学	培养能在专业文艺团体和高等、中等院校从事舞蹈表演、体育健身、教学研究及管理等工作的应用型专门人才
表演	培养能在服装表演、形象设计等教育、研究、艺术、管理和商业领域等相关部门从事表演、教学、艺术设计、营销管理等方面工作的高级通用人才
新闻	培养能在各类新闻媒体及相关部门从事（体育）新闻与传播、媒介管理以及策划、广告等方面工作的专门人才
体育产业管理	培养能够胜任体育俱乐部管理、体育赛事管理、体育场馆管理以及其他体育产业管理工作的高级专门人才

续表

专业名称	专业人才培养目标
休闲体育	从事休闲体育赛事策划与组织、体育旅游推广与经营、户外运动指导与管理、俱乐部指导与管理等方面休闲体育服务、产业经营与管理的应用型人才
市场营销	培养能够从事体育市场开发和经营管理工作的应用型人才

资料来源：广州体育学院、沈阳体育学院、天津体育学院、北京体育大学、山东体育学院人才培养方案。

表6-4　2012~2015 年北京体育大学各专业招生人数

单位：人

专业名称	2012 年	2013 年	2014 年	2015 年
体育教育	568	495	498	497
运动训练	432	404	409	459
社会体育指导与管理	54	108	118	120
休闲体育	54	57	57	59
武术与民族传统体育	165	148	174	150
运动人体科学	113	110	106	118
应用心理学	56	56	60	61
运动康复	111	122	113	119
英语	106	104	110	117
新闻学	127	115	121	121
广告学	0	54	56	60
体育经济与管理	158	174	173	178
公共事业管理	156	124	107	119
舞蹈表演	161	199	164	172

资料来源：北京体育大学校史（2003—2013 年）。

2. 高等体育专业院校人才培养规模逐渐扩大

随着高等教育的大众化发展，高等体育专业院校的办学规模也在逐渐增大，上海体育学院、广州体育学院增加到 18 个专业。招生人数也在逐年增加，1999 年，全国 14 所体育专业院校有 7 所院校集中在 2001~3000 人，没有学校规模突破 3000 人；而到 2004 年有 12 所院校在校生人数超过 3000 人，其中有 5 所突破 5000 人（见表 6-5）。

表 6-5　1999~2004 年 14 所高等体育专业院校在校生规模

单位：所

人数/人 年份	501~1000	1001~1500	1501~2000	2001~3000	3001~4000	4001~5000	5000 以上
1999	2	3	2	7			
2000	1	3	2	6	2		
2001		1	2	4	5	2	
2002		1	1	5	4	3	1
2003			2	1	5	3	4
2004			1	1	3	4	5

6.4　小结

在经济全球化、教育规模化的社会背景下，高等体育教育适应社会发展趋势，不断扩大办学规模，实现了高等体育教育由精英化教育向大众化教育转变；为了响应国家"科技兴国"和"人才强国"的发展战略，各体育专业院校不断调整专业设置和人才培养方式，加大对外交流的力度。这些改革措施促使高等体育教育规模、结构、质量和效益方面发生较大的改变，这既为高等体育教育带来了丰硕的改革成果，也带来了一定的发展难题。

（1）体育人才的国际化交流加快了中国高等体育教育的国际化进程

高等体育专业院校国际化人才交流，为中外合作架起了桥梁，增加了引进训练方法和教学体系的机会，提供了对外传播中国传统文化的舞台，进而加速了高等体育教育国际化发展进程。

第一，国际化人才交流增加了引进训练方法和教学体系的机会。体能训练是影响中国竞技体育诸多项目成绩的瓶颈问题，涉及运动人体科学和运动训练学中的运动医学、运动生物力学、运动生理学、基因与遗传学、运动训练技术等多个主干学科。2008 年以后，北京体育大学科研中心与国际领先的体育实验室交流，引进世界领先的仪器设备，邀请海外学术骨干，在"运动人体科学与竞技体育训练创新引智基地"国际化发展项目基础上，成立"体能训练教学和研究体系"，下设"振动训练工作室"和"悬吊训练工作室"，先后有近 20 名博士研究生、40 名硕士研究生和 8 名本科生进入工作室学习与工作，并完成一定数量毕业论文研究。另外，通过与海外学术骨干、专家、学者的合作，促进了中国运动创伤预防与康复训练教学和科研体系的建立和完善。2008 年以来，北京体育大学共请进来运动创伤预防与康复训练方面的国外专家学者 21 人次，进行座谈、研讨、学术报告，打造具有国际水准的教学研究体系，提升北京体育大学运动康复专业整体水平，促进运动康复专业学科建设，使其不断完善和发展，加强本领域的国际合作，建立高水平、多角度、国际化、应用性强的科研合作模式。

第二，国际化人才交流为传播中国传统文化提供了舞台。高等体育专业院校在国际化进程中担负着向国外传播奥林匹克体育文化，弘扬奥林匹克精神的责任。北京体育大学自建校以来向世界各地派出讲授民族传统体育文化、养生文化，教授武术、太极拳、健身气功的教师 600 余人次。来北京体育大学学习武术和健身气功的长短期留学生、短训人员超过 1 万人次，不仅把中国传统体育文化传播到世界的各个角落，还丰富了奥林匹克文化的内涵。另外，北京体育大学建立的孔子学院开创了体育专业院校对外文化交流的先河。北京体育大学表演队在孔子学院的武术表演以独特的创意和精湛的技艺，获得了随国家领导人出访的机会，已经成为宣传中华民族传统文化的必选节目。北京体育大学武术表演队先后 9 次访问俄罗斯、意大利、挪威等国家，为 20 余所孔子学院进行过巡回演出。其中，2010年随时任国务院总理温家宝同志赴俄罗斯，参加了克里姆林宫汉语年闭幕式活动。2012 年随时任国务院总理温家宝同志出访阿根廷，承担了与阿根廷建交 40 周年纪念演出任务，演出得到党和国家领导人及教育部、国家汉办、文化部的一致好评。

对外交流合作为体育专业院校创造了国际文化交流的空间，搭建对外宣传中国体育文化成果的舞台，同时也加速了中国高等体育教育国际化和世界一流体育大学的建设进程。

（2）研究生"冠军班"体教结合模式的利与弊

为了支持中国体育事业发展，提高体育科研水平，加快高层次体育人才的培养，国家体育总局批准北京体育大学从 2003年起在全国招收部分优秀运动员和教练员免试攻读体育专业硕士学位研究生。北京体育大学"冠军班"是高层次体教结合的新模式，是国家体育总局培养高层次人才的重要探索，通过这种模式实现了高水平运动员和教练员的继续教育，在一定程度上实现了运动训练与文化教育的协调发展，促进了教练员和运动员知识水平的提高。

研究生"冠军班"运动员在竞技体育方面取得了较大成就。自 2003 年成立研究生"冠军班"以来，其成员代表国家参加了雅典奥运会、北京奥运会以及温哥华冬奥会等多项国际赛事，并获得了多块奖牌。其中在雅典奥运会上获得5金1银的优异成绩（见表6-6）。在北京奥运会上，奥运代表团中共有研究生"冠军班"学员47人，包括19名运动员、21名教练员和17名管理人员。其中运动员有8人次获得金牌，1人获得银牌，1人获得铜牌。在温哥华冬奥会上，共有4名学生参赛，获得了1银1铜的好成绩。研究生"冠军班"学员和教练员所取得的成绩主要是各级训练队努力的结果，但是根据池建教授对"冠军班"17名学员进行的文化课对运动成绩、个人发展影响的调查显示，"冠军班"文化课程的学习有助于运动成绩提高和个人的未来发展❶，由此研究生"冠军班"能够为奥运健儿发展助一臂之力。

表6-6　研究生"冠军班"学生在雅典奥运会上取得的成绩

年级	姓名	项目	第一名	第二名
2004级	张国政	举重	男子69公斤级	
2004级	张怡宁	乒乓球	女子双打	
2004级	张怡宁	乒乓球	女子单打	
2005级	孟关良	皮划艇	男子500米双人划艇	
2004级	陈中	跆拳道	女子67公斤级以上	
2004级	刘霞	柔道		女子78公斤级以上

　　尽管取得了较大成绩，社会各界对"冠军班"评价褒贬不一。任课教师曹建明认为，"冠军班"是教师和学生相长的过程，教练员和运动员通过学习可以学习到系统的理论知识，而教师也可以获得实践经验，进而推动科研工作。卢元镇认为，"冠军班"是高校的一种自杀行为，开设这样的班级不能从根本

❶ 池建. 教育铸就新辉煌［M］. 北京：人民体育出版社，2010：129-131.

上解决运动员在教育和再就业中的问题，优秀运动员、教练员也要通过正规的考试才能攻读硕士学位，高校免试招收世界冠军是自贬身价，应从体制入手，大力发展学校体育，"冠军班"徒劳无益。

《中国体育报》认为："北京体育大学设立的研究生'冠军班'，蕴涵的是一所高等体育专业院校所肩负的崇高使命和责任""研究生'冠军班'走出了一条务实、创新的研究生特色教育发展之路"。研究生"冠军班"对于提高运动员成绩，解决运动员退役之后的继续教育和工作问题发挥了巨大作用。❶

女子皮划艇世界冠军钟红燕对于硕士研究生的学习认为："过去是教练让怎么练就怎么练。知识的丰富和研究性思维的培养，让我理解了运动的知识点与技术的对应关系，从而掌握了训练的主动性。"男子皮划艇冠军孟关良说："我9岁就是专业运动员。其实学习这一块，我缺很多。虽然我们在读研究生，我觉得文化知识，我们非常缺。而且特别是对我们项目的理解，基础理论这一块的理解，我觉得，运动员到了最后的顶峰时候，这一块也是得学习的，也是非常需要的。所以学校给我们提供这一学习机会，对我来说是非常需要的。即使2008年以后，运动员可能要换岗位了，我觉得我最需要的、最缺的就是这个，所以我一定还要回来。"具有"横渡之王"之称的张健，用理论知识指导自己的实践经验完成了《中国公开水域游泳横渡运动市场营销研究》博士论文，并获得专家好评。他说："经过3年研究生'冠军班'学习，整个人从知识结构、学习习惯以及今后人生发展方向都有了比较大的转变，可以说改变了我人生的道路。确实通过3年的学习我的横渡事业有了比较大的拓展……现在等于从一个人的拼搏到一个团队，再到一个特色品

---

❶ 教育令金牌熠熠生辉［N］. 中国体育报，2008-08-08（22）.

牌赛事，在品牌的发展、整体的学习思路方面我从这 3 年的学习生活中获益匪浅。"

"冠军班"的成立实现了体教结合模式向高层次发展，促进了中国竞技体育高水平教练员、运动员理论知识水平的提升，有效地解决了优秀运动员保障工作中的一个最大瓶颈：退役之后的继续教育和工作问题，对中国竞技体育发展起到一定的促进作用。但是"冠军班"主要培养运动员硕士，对于竞技体育后备人才培养贡献率较小。

（3）规模扩大与办学质量下降

自 1999 年高校扩大招生规模以来，中国高等体育专业院校迅速造就了规模宏大的体育专门人才，满足了国家、社会和人民群众对专门体育人才的需求，促进了体育、教育、经济的发展。但是随着高等体育教育规模的急剧扩大，"规模经济"效益下降也成为困扰高等体育专业院校的主要问题，其主要表现在教学资源紧缺、教学质量下降、学生就业率下降。

随着招生规模的扩张，中国高等体育专业院校的教学资源建设落后于规模的扩张速度，造成教学资源紧张。通过对 14 所体育专业院校体育场馆设施进行调查统计发现，部分体育专业院校体育场馆资源紧缺，存在场馆资源过少、生均场馆面积过小的问题。在场馆数量方面，首都体育学院场馆数量最少，为 7 个；而在生均场馆面积方面，哈尔滨体育学院、西安体育学院和成都体育学院均低于 10m²，分别为 7.16m²、4.94m²、1.13m²。部分体育专业院校虽然整体场馆资源比较丰富，但是存在不同校区之间资源分配不均的状况❶。马兆明在对 14 所体育专业院校师资状况进行调查发现：中国体育专业院校师生比例过高，且存在教职

---

❶ 马兆明. 中国高等体育专业院校发展历程回顾与定位研究 [J]. 成都体育学院学报，2014，40（6）：72-78.

工比例过小，师资职称水平过低的问题❶。过度的规模扩张，造成教学资源的紧张，这在一定程度上影响了教学质量。孙民治等在《中国高等体育专业院校办学现状及发展趋势的思考》一文中指出："中国高等体育院校不同程度上反映出院校定位模糊、目标狭窄、专业重复、生源乱杂、高分进低能出、学用分离，培养过程师资不足、'大锅烩炒'、质量监督松懈、就业率逐步下降的现象"❷。规模扩张，教学质量下降，还造成部分专业就业率下降，如社会体育指导与管理专业在 2013 年和 2014 年连续两年进入教育部发布的就业率较低的本科专业名单之中。另外，据麦可思研究院 2009~2011 年的统计报告，社会体育专业毕业生就业工作与专业对口率较低，连续 3 年位居全国后 7 位，且半年内离职率达 35%，毕业生工资收入较低。❸

（4）专业设置综合化与特色专业弱化

扩张与优化阶段，高等体育专业院校专业设置的综合化发展，在一定程度上适应了社会的发展趋势，扩大了学校的办学规模，但同时造成体育院校出现特色专业弱化，部分专业人才培养过剩的问题。

从表 6-7 可以看出，14 所体育专业院校的学科布局和专业设置呈现同质化发展趋势。14 所体育专业院校都设置了体育教育、运动训练、民族传统体育、运动人体科学、社会体育、运动康复与健康等专业。近年来各体育专业院校相继开设了新兴专业，其中新闻、英语、体育休闲、公共事业管理等专业的开

❶ 马兆明. 中国高等体育专业院校发展历程回顾与定位研究 [J]. 成都体育学院学报，2014，40（6）：72-78.

❷ 孙民治，等. 中国高等体育专业院校办学现状及发展趋势的思考 [J]. 天津体育学院学报，2007，22（2）：93-96.

❸ 王伟明. 高校社会体育专业毕业生就业困境与思考 [J]. 湖北体育科技，2011（5）：576-578.

设率接近90%，学校的专业设置趋同，复制现象严重。在学科属性方面，各体育专业院校的专业设置基本都涉及教育学、管理学、经济学、医学、理学、工学、艺术学、文学8个学科门类，学科布局也呈现同质化。这也使得体育专业院校在"同质化"发展中逐步丧失了特色。

为了满足社会的发展需求，各体育专业院校设置了一些特有专业，如北京体育大学的汉语言国际教育、南京体育学院的数字媒体艺术、武汉体育学院的机械设计制造及其自动化等，这些专业属于交叉学科，其母学科分别为文学门类、艺术学门类、工学门类，体育属性不高，人才培养目标均为交叉类学科应用型人才，在与其他院校培养的同专业人才竞争中不处于优势地位，因此这些专业难以形成体育专业院校的特色专业。

在专业布点方面，由于此阶段中国高等教育进入大众化阶段，学校不断扩大招生规模，高等学校不断增加体育专业布点，2004年中国开设体育教育的学校达到210所，社会体育达到115所，高等体育教育规模不断扩大。专业设置自主权的下放，增加了高等体育教育办学自主性、灵活性，适应了办学特色的发展需求，但是也在一定程度上增加了办学的重复性和盲从性，造成人才培养过剩。

表6-7　1999~2016年14所高等体育专业院校专业设置情况

高等体育专业院校	北京体育大学	上海体育学院	成都体育学院	武汉体育学院	沈阳体育学院	西安体育学院	广州体育学院	南京体育学院	首都体育学院	哈尔滨体育学院	吉林体育学院	山东体育学院	天津体育学院	河北体育学院
运动训练	√	√	√	√	√	√	√	√	√	√	√	√	√	√
民族传统体育	√	√	√	√	√	√	√	√	√	2000	√	√	2000	√
体育教育	√	√	√	√	√	√	√	√	√	√	√	√	√	√
社会体育	1999	1999	1999	1999	1999	1999	1998	2001	2000	2000	√	2001	√	√

续表

高等体育专业院校	北京体育大学	上海体育学院	成都体育学院	武汉体育学院	沈阳体育学院	西安体育学院	广州体育学院	南京体育学院	首都体育学院	哈尔滨体育学院	吉林体育学院	山东体育学院	天津体育学院	河北体育学院
公共事业管理	√	√	2000	√	2004	2004	2004		2003		√	2003	2004	
运动人体科学	1999	√	√	√	2001	1999	√	√	2007	1999	√	2003	2002	2002
新闻学	2000	√	2000	2002	2004	2001	2001	2003	2004	2007		2008	2002	
应用心理学	2003	2003	√		2009	2004						2007	2004	
表演	2004	2010	2003	2004	2003	2005	2013	2008	2008	2008	√	2007		
英语	2004	2003	2002	2006	2004	2004		2012		2006		2005	2004	2003
运动康复与健康	2005	2006	2007	2005	2007	2006	2006	2008	2012	2013	√	2007	2007	2013
体育产业管理	2006							2008	2007		2012			
舞蹈编导		2004		2010								2011	2002	
市场营销		2003			2001	2007							2002	
信息管理与信息系统			2006	2011										
体育休闲	2011	2007	2011	2007	2007	2008	2006	2011	2007	2013	2012	2008		2011
教育技术学				2003	2009							2007	2001	
体育装备工程				2007										
播音主持		2012		2008		2005	2008					2008		
舞蹈学			2004	2010	2005	2001	2008					2004	2001	2012
经济学			2001	2002		2001	2001							
音乐学						2007								
特殊教育				2012	2004					2006		2005	2001	
计算机科学与技术			√	2012								2007		
中医学			2004											
旅游管理			2008										2002	

续表

高等体育专业院校	北京体育大学	上海体育学院	成都体育学院	武汉体育学院	沈阳体育学院	西安体育学院	广州体育学院	南京体育学院	首都体育学院	哈尔滨体育学院	吉林体育学院	山东体育学院	天津体育学院	河北体育学院
广播电视编导				2011			2013							
广告学	2012			2009										
舞蹈表演	2012	2010					2013	2013	2013	2013	2010			
信息与计算科学				2013										
康复治疗学		2015	2012	2012					2014	2012			2013	
体育经济与管理		2012	2012		2012				2012	2014		2006	2014	2013
汉语言国际教育	2013													
视觉传达设计				2013										
学前教育					2013									2013
社会工作											2014			
健康服务与管理											2015			
艺术教育		2012												
网络与新媒体					2012									
数字媒体艺术									2012					
物业管理														2012
机械设计制造及其自动化				2008										
合计	16	20	19	25	18	18	15	14	13	13	12	19	18	12

注：√表示 1998 年以前设立的专业；年份代表新设立专业时间；空白代表未设专业，"合计"一栏数字代表已设专业学校数量；"社会体育"在 2012 年更名为"社会体育指导与管理"；专业设置时间均以教育部文件公布日期为准。

资料来源：查阅各院校网站，部分引自黄浩军 2010 年编著的《中国体育专业院校发展之路》。

第 7 章

高等体育教育改革与发展取得的成效与存在的问题

　　改革开放以来，中国高等体育教育发展取得了巨大成绩。从"文化大革命"之后，高等体育教育的拨乱反正开始，高等体育专业院校相继经历了 1978 年的恢复办学，20 世纪 90 年代的改革与发展，大众化阶段的扩张与优化三个阶段，在这个过程中高等体育教育在办学目标定位、学科专业设置、人才培养、管理体制等方面发生了深刻变化，取得了新突破，实现了跨越式发展。因此，在回顾改革开放 40 年来高等体育教育的改革发展历程的基础上，本书依然选取办学目标、管理体制、学科专业、人才培养方式四个维度对当前高等体育教育改革取得的成效和存在问题进行分析，以提高本书的研究系统性与逻辑性，为以后高等体育教育发展提供借鉴。

7.1　取得的成效

　　高等体育教育改革发展取得的成效是指高等体育教育在办学目标、管理体制、学科专业、人才培养等方面进行改革之后对高等体育专业院校发展产生的积极后果或者结果。改革开放以来，高等体育教育进行的改革为高等体育专业院校发展提供了一种引导性的行动标准，不仅规约着高等体育专业院校的办学实践，也提升了高等体育专业院校的发展动力。

7.1.1 办学目标定位改革发展的成效

1. 明确了高等体育专业院校的办学思想

教学、训练、科研"三结合"办学思想的提出确立了体育专业院校的发展之路，突出了高等体育专业院校的办学特性。其中，教学和科研展现了高等教育的基本职能。教学是大学教育性的体现，人才培养、知识传授都需要通过教学来进行，高等体育专业院校通过传授体育知识、进行体育锻炼，对学生身体、心理、文化等方面施加影响，发挥教书育人的职能。科研是大学学术性的体现，体育专业院校作为学问探究的主要机构，承担着向学生传播知识和对未知知识探究的职能，进而推动大学不断前行。体育专业院校的科研工作主要面对体育主战场，将科学技术运用到运动训练和社会体育服务中。训练则是高等体育教育的办学特性，是体育竞技性的具体反映。体育专业院校通过运动训练，为竞技体育培养更多的高水平运动员。

"三结合"办学指导思想的提出与渗入，突破了高等体育专业院校培养师资的禁锢，实现了高等体育专业院校多方位的办学职能。"三结合"办学思想体现了高等体育教育"基本+特色"的发展之路。"基本"是指高等体育专业院校的"教学"和"训练"两个办学指导思想，展现了体育专业院校作为高等教育的重要组成部分履行其教育和学术基本职责。"特色"是指高等体育专业院校的"训练"办学指导思想，高等体育专业院校作为专业院校要展现其自身行业性的特点，突出"竞技性"

和"健身性"的体育特色，这也是高等体育专业院校区别于其他院校的根本点。"三结合"办学指导思想的提出使高等体育专业院校走出一条特色发展之路，形成以教育、教学为基本点，训练、竞赛为特色，推崇科学研究的特色办学模式。

2. 办学目标定位实现了由外延式发展向内涵式发展的良好转型

21世纪初期，高等体育专业院校为了提升学校的办学级别，纷纷以大学的办学标准为发展目标，进行了一场"教育大跃进运动"。2006年教育部颁布的《普通本科学校设置暂行规定》，对大学的办学规模和学科专业设置都有一定的要求。在办学规模方面要求大学全日制本科以上在校生规模应在8000人以上；而学科专业方面要求大学至少拥有3个以上学科门类作为主要学科，每个学科门类中的本科专业至少能覆盖该学科门类3个以上的一级学科，且本科专业总数至少在20个以上。此时期大学的标准主要是注重学科门类数量和在校学生的数量，而对于办学质量没有具体的规定，由此更名大学的办学目标主要特征为规模扩张，类属外延式发展模式。

"双一流"的办学目标定位则注重办学质量，对师资水平、学科专业设置、科研创新、人才培养均有较高的要求。国务院2015年颁布的《统筹推进世界一流大学和一流学科建设总体方案》提出了"双一流"的建设任务，要求："建设一流师资队伍，培养拔尖创新人才，提升科学研究水平，传承创新优秀文化，着力推进成果转化"。王家宏教授在"第六届全国体育学博导论坛暨中国高等体育教育专业办学百年学术研讨会"的研究报告中提出体育"一流学科"的标准：①不可替代的研究领域和方向；②标志性的研究成果；③可持续的知识产出；④稳定的资源获取；⑤明细的组织结构、严密的分工；⑥规范的学科制度；⑦良好的学科文化；⑧较高的国际化程度。❶ "双一流"
办学目标定位强调办学质量的提升，注重学校的内涵式发展。

"双一流"办学标准的提出让各学校的办学目标定位逐渐清
晰，各体育专业院校不再以建立综合性大学为主要目标，而是
注重发展本校的优势学科，减少设立没有基础的新学科。"双一
流"办学目标的提出，破除了高等体育专业院校盲目扩张的不
良风气，实现了由规模扩张的外延式发展向注重质量提升的内
涵式发展的良好转型。

7.1.2 管理体制改革：赋予和加强了高等体育专业院校的办学自主权

不同的历史阶段对管理形式的需求也各不相同，管理体制
也呈现出不同的阶段性特征。改革开放以来，中国高等体育教
育的管理体制改革经历了由计划办学向自主办学的发展过程，
政府主管部门逐渐将办学权力下放，赋予和加强了高等体育专
业院校的办学自主权。高等体育专业院校管理体制改革主要包
括两部分：第一，行政管理体制改革；第二，管理权力转移。

在行政管理体制方面，中国高等体育专业院校经历了中央
直属与地方管理两种管理体制共存，到中央直属、中央与地方
共管以及地方管理三种管理形式并存的管理格局。体育专业院
校管理体制的改革相应地引起了财政保障制度和领导体制的改
变。中央直属体育专业院校办学经费主要由国家体育总局拨款，
中央与地方共管体育专业院校办学经费由国家体育总局和地方
政府共同出资，地方体育专业院校办学经费则由地方政府拨款。
高等体育专业院校管理主体的多样化，增加了办学经费来源，

---

❶ 王家宏. 从 "双一流" 建设看体育学科的发展 [R]. 第六届全国体育学博
导论坛暨中国高等体育教育专业办学百年学术研讨会，南京师范大学，2016-11-12.

缓解了体育专业院校办学经费投入不足的状况，在一定程度上促进了高等体育专业院校的发展。

在管理权力方面，高等体育专业院校逐步改革学校领导体制、学科专业设置权以及招生就业自主权。在学校领导体制方面，改革开放以来高等体育专业院校经历了党委领导下的院长分工负责制、院长负责制和党委领导下的院长负责制等形式的领导体制变更。虽然领导体制在形式上变化不大，但在实际管理过程中有较大的变化，管理趋向民主化。如1978年教育部修订的"高教60条"规定："高等学校的领导体制是党委领导下的院长分工负责制"，该规定强调了党委领导和校长负责管理分工，学校的管理权主要集中在党委领导和院（校）级行政组织领导人员手中，管理权限比较集中。而在1985年5月颁布的《中共中央关于教育体制改革的决定》以及1986年4月颁布的《国家体委关于体育体制改革的决定（草案）》中提出的校长负责制则相应地增加了党委保证监督和群众民主管理的内容，院务委员会特设教授的名额，群众民主管理则由职工代表大会来体现。"教师参与管理""教授治学"等学术自由、大学自治思想初见端倪，学校的领导体制逐渐走向民主化、法制化。在学科专业设置方面和招生就业体制方面，高等体育专业院校自主权力逐步增大，包括二级学科专业设置权和自主招生就业权，高等体育专业院校依法自主办学体制初步形成。

管理体制改革和办学自主权的下放，改变了管理体制上的条条为主、过于集中的状况，调动了地方政府和高等体育专业院校的办学积极性，对促进体育事业和社会经济发展是必要的。高等体育教育管理体制改革突破了计划经济条件下的统一管理模式，增加了高等体育专业院校的办学灵活性、合法性和自主性，使高等体育专业院校管理逐渐走向法制化和民主化道路。

7.1.3　构建了多学科门类的体育专业体系

自改革开放以来，中国高等体育学科体系经历了"按照运动项目设置专业—按照学科和就业领域设置专业—完全按照学科设置专业"的变化。在专业设置方面，1988 年体育学专业设为 7 大类 9 种，1998 年调整为 5 个专业 4 个方向，而在 2012 年的专业目录中，体育学主要包括 7 个专业，其中 5 个在基本专业目录中，2 个在特设专业目录中，另外还有体育经济与管理专业设在管理学门类之下。

在体育主干学科之外，一些与体育相关的交叉专业相继开设，截止到 2016 年，体育专业院校开设的交叉学科专业涉及经济学、文学、理学、工学、医学、管理学、法学、艺术学，加上本身所属的教育学共计 9 个门类 19 个一级学科（见表 7-1）。体育学科专业设置日渐充实扩大，学科体系也逐渐完善。

表 7-1　体育相关学科专业设置一览表

学科门类	学科代码	专业类	专业代码	专业名称	专业代码
教育学	4	体育学类	402	体育教育	40201
				运动训练	040202K
				社会体育指导与管理	40203
				武术与民族传统体育	040204K
				运动人体科学	40205
				运动康复	040206T
				休闲体育	040207T

学科门类	学科代码	专业类	专业代码	专业名称	专业代码
教育学	4	教育学类	401	特殊教育	40108
				教育学技术	40104
				艺术教育	40105
				学前教育	40106
艺术学	13	音乐与舞蹈学类	1302	音乐学	130202
				舞蹈表演	130204
				舞蹈学	130205
				舞蹈编导	130206
		戏剧与影视学类	1303	表演	130301
				广播电视编导	130305
				播音与主持艺术	130309
		设计学类	1305	视觉传达设计	130502
				数字媒体艺术	130508
经济学	2	经济学类	201	体育经济	20101
文学	5	中国语言文学类	501	汉语国际教育	50103
		外国语言文学类	502	英语	50201
		新闻传播学类	503	新闻学	50301
				广告学	50303
				网络与新媒体	050306T
理学	7	数学类	701	信息与计算科学	70102
		心理学类	711	心理学	71101
				应用心理学	71102
工学	8	机械类	802	机械设计制造及其自动化	80202

续表

学科门类	学科代码	专业类	专业代码	专业名称	专业代码
医学	10	中医学类	1005	中医学	100501K
		医学技术类	1010	康复治疗学	101005
管理学	12	管理科学与工程类	1201	信息管理与信息系统	120102
		工商管理类	1202	市场营销	120202
				物业管理	120209
				体育经济与管理	120212T
		公共管理类	1204	公共事业管理	120401
法学	3	旅游管理类	1209	旅游管理	120901K
		社会学类	303	社会工作	30302

注：在《普通高等学校本科专业目录（2012 年）》中，没有"T"标识的专业为基本专业，有"T"标识的专业为特设专业，有"K"标识的专业为国家控制专业。

资料来源：《普通高等学校本科专业目录（2012 年）》。

7.1.4 构建了多目标、多层次、多形式的人才培养体系

改革开放以来中国高等体育教育在人才培养目标、层次和方式等方面都有了较大程度的改善，构建了多目标、多层次、多形式的人才培养方式。

在人才培养目标方面，自 1950 年中国第一所专业类高等体育专业院校华东体育学院成立伊始，体育专业院校被赋予培养"教练员、运动员、裁判员和教员"这"四员"的主要任务。但是在改革开放初期由于受到"举国体制"的影响，高等体育专业院校在运动员和教练员培养方面受到影响，培养教员成为高等体育专业院校的主要职责。在"三结合"思想的指导下，体育专业院校增强了服务竞技体育的意识，恢复了培养"四员"

的职能。伴随着体育强国发展目标的提出，社会发展对于体育需求逐步改变，体育专业院校扩大人才培养目标，增加了社会指导员、运动康复人员等新的人才类型，人才培养目标呈现多样化。

在人才培养层次方面，改革开放初期，高等体育专业院校恢复体育研究生的培养，并授予北京体育学院和上海体育学院体育学博士学位授予权，构成了体育专业院校本科、硕士、博士多层次的人才培养模式。经过改革开放40多年的发展，高等体育专业院校的硕士和博士研究生培养规模不断扩大（见表7-2）。博士研究生招生单位由改革开放初期的2所体育专业院校（北京体育学院和上海体育学院）增加到6所，学位授予范围也增加到7个二级学科，招生人数也增加到206人；硕士研究生招生单位由改革开放初期的8所增加到13所，招生人数也由81人增加到3699人，高层次人才培养数量急剧增加。高等体育教育的层次化人才培养结构逐步完善。

表7-2 全国14所体育专业院校博士、硕士研究生人才培养状况

学校名称	博士			硕士							
				学术型硕士				专业硕士			
	一级学科	二级学科	人数	门类	一级学科	二级学科	人数	门类	一级学科	二级学科	人数
北京体育大学	体育学	5	≥89	4	5	11	396	3	3	5	274
上海体育学院	体育学	7	74	3	4	12	386	4	4	11	104
成都体育学院	体育学	5	20	3	3	12	251	3	3	3	159
武汉体育学院	体育学	6	12	4	6	14	196	2	3	4	147
沈阳体育学院	—	—	—	1	1	7	132	3	3	3	165
西安体育学院	—	—	—	2	4	10	151	2	2	4	112
广州体育学院	—	—	—	1	1	7	121	3	3	5	109
南京体育学院	—	—	—	1	1	5	40	1	1	2	60

续表

学校名称	博士			硕士							
				学术型硕士				专业硕士			
	一级学科	二级学科	人数	门类	一级学科	二级学科	人数	门类	一级学科	二级学科	人数
首都体育学院	—	联合培养	5	1	2	6	—	2	2	4	222
哈尔滨体育学院	—	—	—	1	1	5	—	1	1	4	150
吉林体育学院				1	1	6	—	2	2	4	119
山东体育学院				1	1	5	46	1	1	3	79
天津体育学院	体育学	5	≥6	1	2	9	160	2	3	5	120
河北体育学院	—	—	—								—
合　计			206				1879				1820

注：博士研究生招生人数不包括港澳台博士生，硕士研究生招生人数为全日制招生人数，首都体育学院、哈尔滨体育学院、吉林体育学院专业硕士研究生招生人数一栏中为学术型和专业硕士招生人数的总和。

资料来源：各学校网站招生简章。

在人才培养形式方面，构建了全日制高等体育教育与成人教育相结合的多形式人才培养模式。包括专科、本科、研究生等在内的多层次普通高等体育教育为体育事业培养了专业体育人才，而包括继续教育、函授教育、培训等形式的成人教育为运动员、教练员以及体育管理人员提供了深化教育的机会，提高了相关人员的专业理论知识和技术水平，适应了不断发展的体育事业的需求。钟秉枢等在《高等体育教育改革探索》❶ 中指出："在上世纪 80 年代中国当时年龄不足 36 岁的教练员占 50%以上，且水平不高，经验不足，需要尽快缩短年轻教练员成长

❶ 钟秉枢，左琼. 高等体育教育改革探索［M］. 北京：北京体育大学出版社，2002：32.

年限。当时中国的教练员 43.9% 是优秀运动队的退役运动员，30.5% 是体育专业院校的毕业生，25.6% 来自转业军人、体育爱好者等其他方面。退役运动员具有实践经验，缺乏全面扎实的理论基础，院校毕业生经过理论学习，实践经验少，其他方面转来的教练员经验、理论都不系统。若不采用一种有效的继续教育的方式，有计划、有步骤地提高教练员的素质，将制约中国竞技体育的发展。"全日制高等体育教育与成人教育相结合的人才培养形式，健全了体育专业人才终身学习机制，为体育从业者提升自身的专业知识与能力提供了良好的发展途径。

7.1.5 建立了对外交流合作机制，扩大办学影响力

在中国从计划经济体制向社会主义市场经济体制转轨、改革开放力度不断增大的背景下，体育专业院校办学规模扩大，办学实力增强，社会影响提升，高等体育专业院校与国（境）内外的联系、交流与合作也进入一个稳步发展的阶段。

在横向联系方面，首先，高等体育专业院校充分利用自身在竞技体育方面的资源优势，不断加强与省市体育局和行业体育协会的联系，建立联合或者代替培养运动员和管理运动队机制，展现了高等体育专业院校在教学、训练、科研方面的优势地位，突出了体育专业院校的行业特色。其次，高等体育专业院校充分发挥师资力量和科研水平的优势，积极为国家体育总局和体育竞赛服务。承办国家体育总局的教练员、运动员、裁判员的岗位培训工作、承担各个项目国家队的科学研究课题，以教学和科研职能服务竞技体育，通过提高教练员的执教水平或解决运动训练、竞赛过程中的难题，助力体育竞赛。

在国际化交流方面，高等体育专业院校与国外知名体育大学建立了稳定的合作交流机制，采用引进国外知名专家、派遣国内教师参加学术活动、进修培训、出国讲学和任教，与国外

合作共建学校（孔子学院）、互派留学生等多种对外交流方式，扩大校际交流合作，对中国体育学科专业发展、先进理论、技术、方法的引进，教学、训练、科学研究水平的提高发挥了巨大的推动作用。同时也推动了世界多种文化的交融，例如，北京体育大学建立的孔子文化学院将中国的传统体育文化如武术、太极拳和导引养生功等传播到国外，让世界了解中国传统项目的魅力，激发了他们对中华民族文化的强烈兴趣。对外交流合作加速了体育专业院校的国际化和世界一流体育大学的建设进程。

7.2　存在的问题

良好的改革促进了高等体育教育的良性发展；相反，不良的改革会阻碍高等体育教育的健康发展。改革开放以来高等体育教育进行的改革既有成功的经验，也有失败的教训。成功的经验为高等体育专业院校发展提供了规范性和标准化的行动标准，同样反思高等体育教育发展过程中的失败教训能够为调整和完善高等体育专业院校的发展方向提供实践依据。基于前文对改革开放以来高等体育教育在办学目标、管理体制、学科专业、人才培养四方面的变迁历程进行的系统梳理与详细阐述和高等体育教育发展的动因分析，笔者认为，高等体育教育发展存在以下四方面问题：其一，办学目标定位不准确；其二，管理体制改革不彻底；其三，学科专业发展社会适应度低；其四，人才培养效果不理想。

7.2.1　办学目标定位不准确影响高等体育教育发展方向

1. 办学方向摇摆不定影响高等体育专业院校的办学特性

在中华人民共和国成立初期，为了发展中国的竞技体育，中国开始效仿苏联建立单科性体育专业院校，此时高等体育专业院校的办学方向主要是服务竞技体育。经过 60 多年的发展，中国高等体育专业院校的办学方向定位逐渐偏离服务竞技体育的方向，而倾向社会体育，其发展过程主要经历过两次冲击，分别为"三级训练体制"的建立和高等教育大众化的发展。

1978 年 2 月的全国体育工作会议提出："省、直辖市、自治区要按照思想一盘棋、组织一条龙、训练一贯制的要求，力争在三五年内建成基层运动队—业余体校—重点业余体校—体工队层层衔接的训练网，逐步建成集中统一的训练指挥系统"。1980 年 1 月的全国体育工作会议提出："集中力量把奥运会和有重大国际比赛的若干项目搞上去""按照全国一盘棋，有利于发挥中央、地方两个积极性的精神，组成代表国家最高水平的运动队"。至此中国竞技体育后备人才培养形成了"三级训练体制"，体育专业院校的主要任务是培养体育教师，高等体育专业院校竞技体育后备人才基地地位逐渐减弱。

1999 年，中国高等教育进入大众化阶段，招生规模迅速扩大。高等体育专业院校也不断拓展与社会体育相关的新兴学科专业，招生规模也在不断增加。受高等体育专业院校教学资源的限制，伴随社会体育新兴专业的增设与扩招，一些传统的学科专业（运动训练、体育教育）招生人数逐渐减少。由此竞技体育后备人才培养的比例逐渐下降，而社会体育人才培养比例逐渐上升，高等体育专业院校服务竞技体育的办学方向再次受到冲击，逐渐转向服务社会体育。

在不同的历史时期，高等体育专业院校发展所处的内外环境在不断变化，政治、经济和社会发展变化对体育专业院校的需求也不尽相同，造成体育专业院校在不同时期对于服务竞技体育和重视程度不尽相同，甚至从一个极端走向另一个极端，办学方向飘忽不定。纵观改革开放 40 年高等体育专业院校的发展，其始终处于服务竞技体育或社会体育左右倾斜的矛盾之中。办学方向是学校发展的风向标，办学方向的调整，会引起包括学科专业设置、人才培养等方面的适应性改变，同样学校的办学特性也在发生变化。"高校的办学特性需具备稳定性和持久性特征，一所大学办学特性的形成是在大学长期历史积淀的基础上形成的，能成为办学特性者必能经得起时间和历史的考验，并被社会所广泛认可。"❶ 高等体育专业院校办学方向过于频繁的变化，导致办学特性的弱化，如体育专业院校的训练特性弱化、人才培养目标社会化、专业设置综合化等，与师范类和综合性大学的体育院系办学方向趋于一致，导致原有阵地、特色和品牌丢失，会有生存之忧，从而失去独立存在的价值。❷

2. 办学目标定位存在结构性失调影响高等体育专业院校的发展格局

在高等体育教育不断发展的过程中，体育专业院校的办学目标定位也随着社会环境的变化和高等教育的改革发展而不断调整。由于办学自主权力的扩大，高等体育专业院校在制定办学目标过程中注重本校和地区的发展规划，缺少与兄弟院校的沟通与协调，致使高等体育专业院校办学目标定位整体存在结构性失调，具体表现在办学类型定位缺少层次性和办学特色趋同性两方面。

在办学类型及层次定位方面，北京体育大学定位于世界一流体育大学的目标，武汉体育学院、上海体育学院定位于国际知名、国内一流的办学目标，有的体育专业院校提出发展省内

---

❶ 陈宁. 高等体育专业院校办学特性和模式的研究 [D]. 武汉：华中科技大学，2010.

❷ 池建. 体育专业院校再不转型就会有生存之忧 [R]. 全国体育科学大会，2015.

领先、国内一流的发展目标，办学目标定位呈现层次化发展趋势。但是在办学类型定位方面，北京体育大学、上海体育学院、武汉体育学院、成都体育学院等均定位于建设教学研究型院校，部分体育专业院校提出建设教学型院校的发展规划，办学类型仅仅局限于教学研究型和教学型两种办学类型，缺乏研究教学型和研究型体育专业院校的发展规划，由此导致体育专业院校办学类型过于集中，呈现整体结构性布局失调状态。

就办学特色而言，高等体育专业院校则存在学科专业设置趋同，竞技体育项目发展水平不高的问题。在学科专业设置方面，前文已经对体育专业院校的本科专业同质化发展趋势进行了论述，本部分主要就体育专业院校的研究生学科专业布局进行分析。在博士研究生学科专业设置方面，北京体育大学、上海体育学院、武汉体育学院、成都体育学院、天津体育学院均开设了体育学相关专业；而硕士研究生学科专业设置方面，6 所直属体育专业院校都开设了体育教育、运动训练、民族传统体育、运动人体科学专业，原直属体育专业院校之间学科布局不存在明显差异和特色。地方性体育专业院校硕士研究生学科专业布局不全面，但都在传统的体育学科范围之内。总而言之，高等体育专业院校本科和研究生学科专业布局缺少特色。而在发展竞技运动项目方面，原直属体育专业院校在国家体育总局的领导下各自重点发展了一些竞技项目，这些竞技项目经过多年发展，部分体育项目在国内达到了相近水平，如沈阳体育学院近 5 届奥运会在速度滑冰、自由式滑雪空中技巧和单板滑雪 U 形槽 3 个项目上为国家赢得 1 金 4 银 3 铜共 8 枚奖牌，奖牌数目在一定程度上追平了三级训练体制在该项目培养的奥运冠军数目。但大多数学校的竞技体育项目为国家培养的竞技体育人才数目有限，项目成绩难以达到国内先进水平，这些项目难以称为学校的特色项目。

办学类型目标定位缺少层次性和办学特色趋同性造成高等体育专业院校整体逐渐走向单一化、同质化发展格局，办学优势和特色慢慢退化，社会竞争力逐渐减弱，面临"有生存之忧，失去独立存在的价值"的危机局面❶。

7.2.2 管理体制改革不彻底影响高等体育专业院校的宏观调控和发展动力

1. 高等体育专业院校主管部门间存在的条块分割问题制约院校之间统筹规划

高等体育专业院校校外管理机构由教育行政部门和体育行政部门组成。教育行政部门包括教育部（体育卫生与艺术教育司）、省市区教育厅（体育卫生与艺术教育处）、地市、县区教育局（体育卫生与艺术教育科）；体育行政部门包括国家体育总局（科教司）、省市区体育局（科教处）。其中教育系统主管部门的主要职责是学校体育教育方面的工作方针、政策、制度的制定与落实，指导高等体育专业院校教学方面的工作，如专业、教材建设，师资培训等；体育主管部门负责体育工作方针、政策、制度的制定与落实，负责体育专业院校与体育事业相关专业的建设（如运动训练专业）以及有关竞技体育科研、训练、培训等方面的工作。

现阶段高等体育专业院校的管理体制为"1+5+8"，其中"1"指隶属国家体育总局主管的北京体育大学，学校的经济、行政权限主要受国家体育总局管理，但教学方面的工作（如专业设置）同时隶属教育部主管部门管理。5 所共建体育专业院校由最初的地方体育主管部门与教育部门共同管理划拨为地方教

---

❶ 池建. 体育专业院校再不转型就会有生存之忧 [R]. 全国体育科学大会，2015.

育主管部门主管，由此这 5 所体育专业院校面临国家体育总局科教司与地方教育主管部门的分别管理；8 所地方体育专业院校主要由地方教育主管部门管理。多个教育主管部门有利于得到不同管理部门的支持和赞助，调动各部门参与办学积极性，满足更多政府机构的办学意愿，但是多方教育主管部门参与办学存在权力过于分散，院校间缺乏沟通，难以统筹全局和协同发展等问题。

2. 办学性质单一、社会化程度不高阻碍高等体育专业院校的发展步伐

改革开放 40 年来，中国高等体育专业院校管理体制进行了一系列改革，管理体制由"6+8"发展到"1+5+8"，办学主体逐步增多，极大地缓解了高等体育教育资源匮乏的问题。但不容忽视的是，中国 14 所体育专业院校办学性质自始至终为国有性质，由中央和地方政府机构举办。单一的办学性质使高等体育专业院校在办学过程中过度依赖政府，与社会的契合度过低，在社会主义市场经济发展的今天，这种体制的弊端逐渐显现，成为制约体育专业院校发展的主要因素之一，具体表现在办学资金来源渠道单一和与社会沟通不畅两方面。

高等体育专业院校的办学经费来源包括国家体育总局拨款、地方政府拨款、地方体育局拨款以及社会渠道资金来源。其中国家和地方政府财政拨款是高等体育专业院校办学资金的主要来源，社会渠道办学资金来源所占比重较小。根据有关调查统计资料，北京体育大学办学经费 81.5% 来源于国家体育总局拨款；而"共建型"和"地方型"体育专业院校的办学经费则主要来源于地方财政，如上海体育学院所占比例为 67.1%，哈尔滨体育学院所占比例为 48.5%，而山东体育学院所占比例高达 96.1%；以及国家体育总局或地方体育局，如南京体育学院每年办学经费 10.2% 来源江苏省体育局拨款，广州体育学院每年办

学经费 17.5%来源广东省体育局，河北体育学院每年办学经费
38.4%来源河北省体育局。无论是"直属型""共建型"还是
"地方型"，体育专业院校通过社会渠道获得的办学经费微乎其
微，如山东体育学院 2008~2010 年连续三年平均每年通过社会
渠道获得的办学经费不超过总办学经费的 1.6%。❶ "共建型"
和"地方型"由于所处的地域不同，地方政府对于学校的财政
支持力度也不相同，这也导致部分体育专业院校办学经费不能
满足发展需要，经费"瓶颈"仍然严重制约着体育专业院校的
发展。

　　高等体育专业院校的国有性质制约着其办学方向自然倾向
于服务国家意志和计划，办学目标定位和人才培养主要面向包
括教育部门、体育部门在内的国家事业单位，而与社会基层公
共服务机构和企业单位联系密切程度不够。例如，北京体育大
学 2010~2012 年本科毕业生去向企业单位比例分别为 5%、
5.8%、5.9%，远低于事业单位的就业比例（见表 7-3）。高等
体育专业院校毕业生就业现实验证了高等学校培养的人才必须
符合社会的发展需要，需要经过社会人才市场的检验才能得到
承认，否则难以实现很好的就业。这就是市场经济条件下的人
才需求标准，是任何政府部门、教育组织无法替代的。体育专
业院校的办学导向应与社会发展需求相适应，如果仍仅瞄准国
家事业单位人才需求进行办学，而忽视社会基础单位的发展需
求，不考虑社会对于体育专门人才的知识、能力、素质的需求，
就会在人才市场激烈的竞争中溃败，无法适应不断变化的就业
方式。随着社会基层就业政策的出台，以及公务员、事业单位
招聘办法的改革，学校毕业生的就业去向将会发生重大改变，

---

❶ 黄浩军. 中国体育专业院校发展之路：回顾与反思、时申与前瞻［M］. 北
京：北京体育大学出版社，2010：48.

企业和社会基层工作者的数量将会逐步提升，如果体育专业院校不及时调整办学思路，建立多方位的就业合作关系，将会严重影响学校的发展。

表7-3 北京体育大学2010~2012年本科毕业生就业去向

年份 单位	2010		2011		2012	
	人数/人	比例	人数/人	比例	人数/人	比例
国家事业单位	371	20.7%	433	22.6%	327	16.8%
企业	90	5.0%	112	5.8%	115	5.9%
社区工作者	21	1.2%	4	0.2%	0	0.0%
其他	1309	73.1%	1367	71.3%	1504	77.3%
毕业生总数	1791		1916		1946	

注：数据来源于北京体育大学校史，统计数据中"国家事业单位"包括党政机关、事业单位、高等学校、其他教学单位、部队、支教、大学生村干部；"其他"则包含灵活就业、考研、留学、待就业等。

7.2.3 学科专业改革发展社会适应度低影响体育专业院校的健康发展

学科专业是高等体育专业院校人才培养的基础，学科专业发展水平关系到学校的发展高度、人才培养的质量和规格、教学资源配置等方面，也关系到学校与社会发展的契合度。改革开放以来，高等体育教育的学科专业进行了较大幅度的调整，体育学科地位逐步提升，学科体系逐步规范，专业设置种数增加，在一定程度上促进了高等体育教育的发展。但是随着社会的发展以及高等教育的规模化发展，高等体育专业院校学科专业改革发展呈现出与社会发展不相适应的问题：其一，学科专业调整与社会需求契合度不高；其二，学科专业布局不合理。

1. 学科专业调整与社会需求契合度不高影响高等体育专业院校的人才就业

培养社会发展所需人才是高等学校的基本立足点和归宿，人才培养质量和就业率反映了学校学科专业发展与社会的适应度，也是高等学校健康发展的重要体现。现阶段我国高等体育专业院校的学科专业设置既包括体育教育、运动训练等隶属体育学的二级学科，也包括体育经济与管理、广告学、新闻学等交叉类学科专业，学科专业设置种类越来越多，呈现综合化发展趋势。高等体育专业院校学科专业设置的综合化发展在一定程度上满足了社会多样化的发展需求，但也出现了一些与社会发展不相适应的问题：部分传统体育学科专业竞争力减弱，存在就业率不高的困扰；部分新兴、交叉性学科专业发展动力不足。

第一，部分传统体育专业发展存在与社会契合度不高、就业率低的问题。体育教育专业作为高等体育专业院校最先开设专业，在开设初期为高等体育教育培养了大量的师资，在高等体育教育发展进程中发挥了中流砥柱的作用。但是随着社会的发展，体育教育专业逐渐失去其竞争优势，面临毕业生就业难度增大的困境。根据权威机构麦可思的统计，体育教育专业自2010 年开始连续 5 年进入就业红牌专业名单，2015 年与 2016 年进入就业黄牌专业名单，专业就业率低、发展前景不高成为本专业发展的最大瓶颈。运动训练专业作为展现体育特色的主要专业之一，其设立的预期目标是服务竞技体育，但是在其发展过程中，受规模扩招和生源结构变化与质量降低的影响，其办学目标逐步调整为专项运动训练、体育教育、社会体育指导等多元化的培养目标，培养优秀教练员、运动员的预期目标达成度一直不理想。运动训练专业人才培养目标的不断调整，仍然没有改变该专业与社会需求的适应度问题，毕业生就业难仍然是困扰该专业的一大难题，2008 届、2009 届运动训练专业本科毕业生半年后失业率连续居于前 10 名，并且位次居于前列❶❷。《2016 年中国本科生就业报告》中，运动训练专业以 84.4% 的就业率被列为就业率最低的十大专业中的第三位。❸ 专业体育专业院校培养质量的降低和培养特色的淡化，专业设置和选择的不合理等因素是造成部分体育相关专业就业困难的主要因素❹，由此调整传统体育专业的社会适应度，培养符合社会需求的体育专门人才，成为这些专业当前亟待解决的难题。

第二，体育专业院校的部分新兴、交叉性学科专业由于开设时间短，在师资队伍、办学条件、学科等方面基础比较薄弱。如新兴的新闻专业，国内各体育学院该专业师资严重不足，师资队伍不能满足专业的发展需求；另外该专业的主要教材仅有"体育新闻学"和"体育传播学"，教材建设也远远不能满足专业的发展。此外，社会体育专业、体育经济、体育管理、休闲体育专业四个交叉专业存在专业交叉、课程雷同、对口就业困境等问题❺。综上所述，新兴、交叉性体育学科专业受教学资源、学科基础等条件的限制，存在培养目标、课程设置趋同的问题，进而造成毕业生就业难，发展动力不足的困境。

❶ 麦克思研究院. 2009 中国大学生就业报告 [M]. 北京：社会科学文献出版社，2009：90-91.

❷ 麦克思研究院. 2010 中国大学生就业报告 [M]. 北京：社会科学文献出版社，2010：78.

❸ 麦克思研究院. 2016 年中国本科生就业报告 [M]. 北京：社会科学文献出版社，2016：1009.

❹ 唐东阳，陈浩. 专业体育院校体育教育专业就业面临的挑战与机遇 [J]. 沈阳体育学院学报，2011，30（2）：139-140.

❺ 辛松和. 社会体育专业的困境及改革思路 [J]. 体育学刊，2014，21（4）.

2. 学科专业布局不合理，影响高等体育专业院校的专业发展特色

改革开放之后，高等体育专业院校办学规模不断扩大，专业种类和招生规模不断增加，但是受"升格"和"更名"大学的影响，高等体育专业院校的学科专业设置整体结构发生了一系列改变。通过对各体育专业院校 2015~2016 年各专业招生人数分析，发现高等体育专业院校学科专业布局存在两方面问题。首先，高等体育专业院校体育学科专业布点大量增加，造成传统的特色专业因大量开设而失去特色，一些新兴学科因发展时间较短（运动康复与健康）以及交叉学科因学科基础薄弱（播音主持等）难以发展成为特色专业，形成各体育专业院校办学特色不鲜明的格局。其次，一些新型的和国家战略、社会发展急需的专业招生人数较少，所占比重不高（见表 7-5）。如与国家体育产业战略发展相匹配的专业市场营销、体育产业管理、体育经济与管理三个专业招生人数分别占总人数的 0.9%、0%、3.9%，招生人数极少；与全民建设计划相匹配，与社会大众健身紧密相关的专业——运动康复与健康专业招生比例较低，为3.4%。这样的学科专业布局和结构，不利于高等体育专业院校多样性人才的培养，是造成高等体育专业院校毕业生结构性失调和办学特色削弱的主要原因，同样减弱了体育专业院校与其他院校体育专业的竞争力。

表 7-4 2015~2016 年体育专业院校各专业招生人数（本科）

高等体育专业院校	北京体育大学	上海体育学院	成都体育学院	武汉体育学院	沈阳体育学院	西安体育学院	广州体育学院	首都体育学院	山东体育学院	天津体育学院	河北体育学院	各专业总人数	占总招生人数的比例
运动训练	459	225	600	571	650	626	510	160	656	235	225	4917	37.7%
民族传统体育	149	60		229				60	94	55	40	687	5.3%
体育教育	501	120	600	450	436	425	370	115	200	430	280	3927	30.1%

续表

高等体育专业院校	北京体育大学	上海体育学院	成都体育学院	武汉体育学院	沈阳体育学院	西安体育学院	广州体育学院	首都体育学院	山东体育学院	天津体育学院	河北体育学院	各专业总人数	占总招生人数的比例
社会体育	120	30	60	30	191	85	40	50	200	132	330	1268	9.7%
公共事业管理	120	0	50	24	38	38	20		100	30		420	3.2%
运动人体科学	119	30	50	50	24	34	50	20	50	30	25	482	3.7%
新闻学	121	90	120	90	60	34	60	60	40	30		705	5.4%
应用心理学	62	20	0	50	18	38			50	30		268	2.1%
表演	0	15	0	94		110	35	0	20			274	2.1%
英语	120	50	110	80	24				100	45	30	559	4.3%
运动康复与健康	121	32	50	50	24	45	20	30	50		20	442	3.4%
体育产业管理								0				0	0.0%
舞蹈编导		35			18				15			68	0.5%
市场营销		60				30				30		120	0.9%
信息管理与信息系统		0		30								30	0.2%
体育休闲	60	40	120	60	102	32	60	40	50	5	25	594	4.6%
教育技术学				35	24				50	30		139	1.1%
播音主持		25		102		156	79				20	382	2.9%
舞蹈学			50	50	160	167	30			120	20	597	4.6%
经济学			60	50		39	40					189	1.5%
音乐学												0	0.0%
特殊教育专业				0		40	40		100	30		210	1.6%
计算机科学与技术				0					50			50	0.4%
中医学			120									120	0.9%
旅游管理			60		24							84	0.6%
广播电视编导			50	102			25					177	1.4%
广告学	60		0									60	0.5%
舞蹈表演	172		50	292			85	50	165		100	914	7.0%
康复治疗学		32	60	50			20			30		192	1.5%

续表

高等体育专业院校	北京体育大学	上海体育学院	成都体育学院	武汉体育学院	沈阳体育学院	西安体育学院	广州体育学院	首都体育学院	山东体育学院	天津体育学院	河北体育学院	各专业总人数	占总招生人数的比例
体育经济与管理	181	60	120		48			35	50		20	514	3.9%
汉语言国际教育	0											0	0.0%
视觉传达设计				55								55	0.4%
学前教育					20						20	40	0.3%
社会工作												0	0.0%
机械电子工程				30								30	0.2%
健康服务与管理									45			45	0.3%
艺术教育												0	0.0%
网络与新媒体					24							24	0.2%
数字媒体艺术												0	0.0%
机械设计及自动化				35								35	0.3%
物业管理											20	20	0.2%
总人数												4937	

资料来源：各体育专业院校官方网站，参考各学校 2015 年、2016 年、2017 年招生计划。

7.2.4 人才培养效果不理想致使体育专业院校失去"行业特色"

体育专业院校作为行业性专业院校，其成立和发展要立足于体育行业，培养体育专门人才。但是改革开放以来，受社会和国家管理体制的影响，高等体育专业院校在培养体育专门人才方面呈现出一定的不足，主要表现在人才培养目标未能全面展现，人才培养途径缺乏有效性和合理性两方面。

1. 人才培养目标未能全面实现，远离高等体育专业院校办学初衷

自 1950 年第一所体育专业院校——华东体育学院成立以来，中国体育专业院校一直被冠以"行业性"专业院校的烙印，并确立了培养教练员、运动员、教员、裁判员"四员"的人才培养目标。但是在办学过程中受到社会外在因素的影响，体育专业院校的高水平竞技人才的职能未能完全展现，违背了高等体育专业院校的办学初衷。另外随着社会的发展，社会对于健康体育的需求增强，而体育专业院校未能培养出与社会需求相适应的社会体育指导人才，在社会体育发展方面未能起到行业引领作用。

中华人民共和国成立初期，为了快速发展中国的竞技体育，我国借鉴苏联模式创办了体育专业院校，服务高水平竞技体育成为高等体育专业院校的办学初衷。此后高等体育专业院校提出"三位一体"的人才培养目标以及"三结合"办学指导思想均体现了注重训练因素服务竞技体育的思想，"举国体制"以及"科教兴体"更要求体育专业院校发挥培养优秀运动员的职能。但是在多年的发展过程中，受"三级训练体制"和"大众化"的影响，高等体育专业院校虽然为国家培养了一批包括获得奥运会冠军在内的优秀运动员，但是相对于国家竞技体育事业的整体发展而言略显单薄。简而言之，体育专业院校在高水平竞技体育人才培养方面贡献率不高，未能实现办学初衷。

引领行业发展，实现自身价值是体育专业院校立足行业发展的特色。改革开放以来，人们的生活观念发生改变，健身意识增强，全民健身时尚逐渐形成。大众的体育需求促生了新型社会体育人才——社会体育专业人员的产生。为了适应社会的发展，满足大众的体育需求，天津体育学院于 1995 年首先开设

了社会体育专业，随后各大高校相继开设该专业。但是高等体育专业院校的社会体育专业人才培养目标与社会需求之间存在一定的差距，首都体育学院 2000 届和 2001 届社会体育专业毕业生从业于社会体育领域的比例分别为 66.6% 和 20.3%，平均为43.45%。王树宏在《中国社会体育专业毕业生就业现状与分析》❶ 一文中，通过对天津体育学院、沈阳体育学院、首都体育学院等六所大学 6 届 824 名社会体育专业毕业生进行的调查显示，该专业毕业后在社会体育领域中就业的比例较低（约35%），而教育部门成为该专业的主要去向。通过上述两个例证可以窥见体育专业院校社会体育专业毕业生的就业概况。社会体育专业培养目标与体育教育专业趋同，违背了最初的专业开设目的，造成社会体育专业学生以教育部门为主要就业方向，从事社会体育工作的比例较低。这不仅违背了开设社会体育专业的培养目标，还造成本已紧缺的人才资源和教育资源的浪费。

2. 人才培养途径发展不合理影响体育专业院校人才培养规格

人才培养方式是培养目标实现的基础，也是决定人才培养质量的重要环节。改革开放以来，受"三级训练体制"、高校组建优秀运动队的影响，高等体育专业院校的"体教结合"人才培养模式没有取得很好的效果，存在高水平竞技体育人才培养质量不高的问题。另外受大规模扩招的影响，体育专业院校的普通专业学生也存在重规模不重质量的问题，人才培养质量不高、就业难也成为高等体育专业院校人才培养的另一个问题。

高等体育专业院校设立运动训练和民族传统体育专业最初的目的是培养优秀竞技体育人才，但是受专业运动队的影响，该专业"进口"（招生）和"出口"（人才输出）均被体育系统

---

❶ 王树宏. 中国社会体育专业毕业生就业现状与分析 [J]. 北京体育大学学报, 2008, 31 (10)：1325-1327.

内部体制的壁垒封堵，既难招收到优秀运动员，毕业生又难进入体育系统从事教练工作，导致高等体育专业院校难以培养高质量的竞技体育专业人才。据有关资料统计显示，北京、西安、武汉三所体育专业院校1986~1996年运动训练专业学生入学等级级别不高，国家健将比例低，在5%以下，运动健将在20%左右❶。北京体育大学1986~1998年民族传统体育专业学生入学级别以一级和二级运动员为主，1992年以前各占45%左右，1993年以后二级运动员上升到55%，甚至高达60%~70%，而武英级学员则低于15%，只有1998年略有升高，为15.3%❷。受招生质量以及就业渠道的限制，体育专业院校运动训练和民族传统体育专业毕业生就业去向主要为学校，如北京体育大学运动训练专业1978~2010年共培养了2000多名毕业生，其中44.3%去向学校系统、29.6%去向体委系统，剩余26.1%从事其他行业❸。改革开放以来，体育专业院校也尝试与专业运动队联合办学、办队，但是这种结合方式仍然存在系统分割、貌合神离的问题，只是在政府管理权限外力干预下形式上的结合，缺乏训练、科研、管理等方面的内在融合，属于外因主导内因的典范，一旦外界干预停止，结合自然解体。同样这种结合方式存在"学训矛盾"的问题，且除南京体育学院之外，高水平竞技体育人才培养数量不多。

改革开放以后，在高等教育实行大众化教育之后，高等体育专业院校也在不断扩大招生规模，专业数量越来越多，办学规模也越来越大，大多数学校规模超过5000人，部分学校超过

❶❷ 钟秉枢，左琼. 高等体育教育改革探索 [M]. 北京：北京体育大学出版社，2002：59-60.

❸ 谢英. 竞技体育与体育专业院校持续发展互动关系的研究 [J]. 西安体育学院学报，2002，19（2）：14-16.

1 万人。规模扩大提高了办学效益，为社会培养了大量体育人才。但是伴随着办学规模的扩张，高等体育专业院校的学科与专业建设、师资队伍建设、课程与教材建设、场馆设施建设没有得到相应的发展，致使学校的教学质量有所下降。这种"重数量，不重质量"的发展模式，影响了高等体育教育的教学质量，影响了人才标准和培养模式。

第8章

高等体育教育发展的动因

通过前文对于改革开放以来高等体育教育三个阶段发展历程的阐述，总结了高等体育教育"变了什么"和"如何变"的问题，下面将对高等体育教育发展的内在规律进行探讨，揭示其"为什么变"的问题，系统地探究高等体育教育发展的因果过程，为高等体育教育改革与发展方向提供理论依据。

8.1 政治因素对高等体育教育发展的影响

政治因素是影响高等体育教育发展的主要因素之一，在高等体育教育发展的每一个阶段都印刻着政治的痕迹。国家对于高等教育主要从政治思想、政策制度保障、资金支持等方面施加影响。

8.1.1 国家领导人、教育部门管理者的教育思想对高等体育教育发展的影响

国家领导人、教育部门管理者作为教育管理的权威，对高等教育发展的影响是显而易见的。"文化大革命"之后，邓小平同志纠正了"文化大革命"时期"否定知识分子"和"两个估

计"的错误教育思想，提出了"尊重知识、尊重人才"的要求，并力主恢复了高考制度，将高等教育发展恢复到正常道路上来。国家领导人及教育部门管理者的正确教育思想，推动了高等体育教育的发展，但是并非所有的教育思想都能促进高等体育教育的发展。中国高等体育专业院校在发展过程中出现盲目追求"大、全"的问题，与部分体育专业院校领导集体调动过于频繁，注重短期效应、眼前功利，"在位绩效思想"有关，影响了体育专业院校的发展方向。

8.1.2 国家教育政策的变化促使高等体育专业院校办学方向的转变

改革开放以来，国家通过政策供给不断影响着高等体育教育的发展。由于国家对于教育的发展需求不断变化，政策供给内容也各不相同。概而言之，改革开放以来，国家对高等体育教育发展导向主要为"由规模扩大向质量提升转变"，并通过对高等教育政策供给影响高等体育教育发展。

为了扩大高等教育的办学规模，1999 年教育部颁布了《面向 21 世纪教育振兴行动计划》，提出了扩大高等教育办学规模的发展目标；2007 年国家出台的《国家教育事业发展"十一五"规划纲要》和 2010 年的《国家中长期教育改革和发展规划纲要（2010—2020 年）》则注重提高办学质量。在国家政策的指引下，高等体育专业院校办学方向实现了由规模扩招向提高办学质量方向发展。由于国家政策是相对于高等学校整体而言的，缺少对高等体育教育个体特征的具体指导，这也引起了高等体育教育规模过度扩张，造成人才过剩和体育专业院校专业设置同质化发展。

8.1.3　国家管理制度变化对高等体育教育管理体制的影响

改革开放以后，中国的经济体制逐步由计划经济向市场经济发展。1984 年，中共中央国务院颁布了《中共中央经济体制改革的决定》，提出了经济管理权限下放的思想；在经济体制改革的影响下，教育系统也进行了体制改革，1985 年《中共中央关于教育体制改革的决定》正式颁布，对高等院校的宏观管理体制、办学体制、招生和就业体制等方面进行了改革。在教育体制改革的形势下，体育专业院校的管理权限下放，由"6+8"的管理格局，逐渐演化为"1+5+8"的管理格局，学校的办学自主权限也逐步扩大。

8.2　高等教育对高等体育教育发展的影响

高等体育教育作为高等教育的一分子，其发展也与高等教育息息相关。在高等体育教育发展历程中，高等教育对其发展的影响主要体现在办学目标定位、学科专业设置、人才培养等方面。在改革开放初期，高等教育处于精英化阶段，体育专业院校的办学目标定位主要围绕提高办学水平，培养高质量体育人才，如北京体育学院 1983 年办学目标定位"建成具有中国特色和世界先进水平的体育高等学府"和"培养高质量的、又红又专的体育人才"。1999 年，高等教育进入大众化发展阶段，规模扩张成为高等学校的主要发展趋势，受此影响体育专业院校逐步扩大了扩大办学规模，"争办重点大学""升格"成为多数体育专业院校的办学目标，这也导致专业设置综合化、同质化发展。在高等教育大众化阶段，综合性大学和师范类院校的人才培养数量增多，加大了体育专业院校毕业生的就业压力。

8.3 体育事业发展对高等体育教育发展的影响

　　高等体育专业院校的主要任务是为国家培养体育专业人才，其办学方向、专业设置、人才培养方式等方面都与体育事业的发展息息相关。在中华人民共和国成立初期，中国效仿苏联创建了单科性体育专业院校，其办学初衷为服务竞技体育。但是在中华人民共和国成立初期，由于中国体育事业基础比较薄弱，体育师资紧缺，培养体育师资成为体育专业院校的主要任务。"文化大革命"之后，国务院批转了原国家体委的《1978年全国体育工作会议纪要》文件，提出"普及与提高相结合"的方针，要求加快体育事业发展速度。随着"奥运争光计划"的提出以及举国体制的实行，体育专业院校跳出了培养师资的禁锢，开设了以培养优秀运动员为主要培养目标的运动训练专业。此后"三级训练体制"逐步完善，运动训练专业的"进口"和"出口"均受制于竞技体育管理体制，培养优秀运动员的效能逐渐减弱，体育专业院校逐渐恢复了以培养师资为主的人才培养方式。

　　步入21世纪，体育事业呈现出多样化的发展趋势。随着全民健身计划的深化，大众体育健身需求增加，体育专业院校相继开设休闲体育、运动健康与康复、社会体育指导与管理等专业以满足大众对体育人才的需求；伴随着体育产业的快速发展，交叉学科专业如体育新闻、市场营销、体育经济学等专业也应需而设，以满足体育事业的发展需求。由此可见，体育事业发展的不同历史阶段，对体育专业院校的需求也不尽相同，这在一定程度上影响着体育专业院校的办学方向、专业设置、人才培养方式的变化。

8.4 体育专业院校自身发展对高等体育教育发展的影响

第一，体育专业院校是按照教育部门、体育部门指导思想实施体育专业教育的主要单位之一。体育部门、教育部门的办学思想和人才培养都需要体育专业院校的组织管理来具体执行。体育专业院校通过办学目标、管理体制、学科专业、人才培养方式等具体办学形式进行教学，以达到培养体育专业人才的目的。总而言之，体育专业院校是体育部门、教育部门教育思想的具体执行者，决定着办学的质量。

第二，体育专业院校是进行体育教育改革的主体。国家的宏观调控和市场经济发展需求调节为高等体育教育改革提供了外在改革环境，但是体育专业院校才是改革发展的着力点。同时体育专业院校还具有自我调节的权限，在办学目标定位、管理体制改革、专业设置、人才培养方式选择等方面具有自我决定权。

第9章

高等体育教育发展面临的机遇与挑战

在高等体育教育发展过程中，办学目标定位的变化、管理体制的改革、学科专业的调整、人才培养方式的转变无不与当时的社会背景相适应。高等体育教育发展过程中的胜利成果和失败教训也验证了管理者对于当时社会背景的准确判断程度，出现的问题和形成的经验也是高等体育教育不断发展和完善的实践依据。准确分析当前高等体育教育发展所面临的问题和挑战是研究高等体育教育改革思路和发展方向的先决条件。为此，本书在前文解析与审视高等体育教育改革发展的社会背景、成效和存在问题的基础上，从高等体育教育当前所面临的内外环境入手，探讨高等体育教育发展所面临的机遇与挑战。

9.1 机遇

高等体育教育的多重属性决定了其发展面临的机遇与挑战也是来自多方面的。首先，高等体育专业院校作为高等教育的重要组成部分，处于国家战略发展的重要位置，其改革发展与国家的发展战略指引密不可分，同样高等教育的政策方针也在其发展过程中起到了引领和导向作用。其次，体育专业院校承担着体育发展的重任。总而言之，国家宏观发展战略、高等教育发展的方针政策、体育事业的发展需求等都为高等体育教育创造了发展机遇与挑战。

9.1.1 高等教育大众化以及高等教育强国建设给高等体育教育发展带来的机遇

改革开放以后，高等教育进入大众化发展阶段，大量高等院校不断扩大招生规模。2015 年，中国高等院校数量为 2952 所，在校生 3647 万人，较 2010 年增加 17.5%，毛入学率达到 40%，相比 2010 年增长 13.5%❶，高等教育毛入学率还有一定的发展空间（高等教育普及化需要毛入学率高于 50%）。高等教育的大众化发展为高等体育专业院校发展带来了机遇，体育专业院校可以结合本校实际情况，平衡规模、质量、结构、效益之间的关系，实现学校的健康发展。

《国家中长期教育改革和发展规划纲要（2010—2020年）》提出"提高质量是高等教育发展的核心任务，是建设高等教育强国的基本要求"。《统筹推进世界一流大学和一流学科建设总体方案》（国发〔2015〕64 号）提出"到本世纪中叶，一流大学和一流学科的数量和实力进入世界前列，基本建成高等教育强国"的发展目标。提高教学质量，发展重点学科，是国家对高等体育教育的要求，也是对其发展的重要机遇。该总体方案同时要求中央和地方需要对中央学校和地方学校给予资金、政策、资源支持，以促进"双一流"建设。高等教育强国建设为高等体育专业院校指明了发展方向，提供了

---

❶ 陈宝生. 国务院关于高等教育改革与发展工作情况的报告［R］. 十二届全国人大常委会第二十二次会议，2016-08-31.

政策、资金和资源保障，进而为其带来了乘大势而强的发展机遇。

9.1.2 竞技体育、社会体育和体育产业发展给高等体育教育发展带来的机遇

1. 竞技体育的发展需要体育专业院校的支持

奥运争光战略和专业运动队的文化教育工作需要高等体育专业院校承担部分责任。竞技体育的发展需要科技的支持，竞赛的科学化、训练效益的提高、后备人才培养的系统化等需要大批多学科和高素质体育专业人才参与其中，这为地方体育专业院校提供了广阔的服务领域。专业运动队的"学训矛盾"一直制约着竞技体育事业的发展，解决学训矛盾为教练员和运动员提供更多的学历教育和在职培训，也需要高等体育专业院校参与其中。

2. 社会体育的蓬勃发展增加了体育人才的需求量

随着"终身体育"思想的深入，社会大众参与体育运动的积极性逐步提高，同时为了促进全民健身活动的开展，维护公民的体育健身权益，国务院于 2009 年 8 月 30 日颁布了《全民健身条例》（国务院第 560 号令），并于 2016 年发布了第二次修正版（国务院第 666 号令）。社会大众终身体育思想的深入以及全民健身运动的全面开展，为体育专业人才提供了大量发展机会，也为培养高级体育人才的体育专业院校提供了发展机遇。国家体育总局颁布的《全国体育人才发展规划（2010—2020年）》要求："培养一支数量充足、结构合理、门类齐全、素质优良的体育人才队伍""到 2020 年，培养具有技术等级证书的社会指导员达到 150 万人以上，获得国家职业资格的社会指导员达到 15 万人以上"。而当前中国的社会指导员数量与这个标

准相差甚远，这需要社会整体力量的共同努力，同时也为体育专业院校提供了良好的发展机遇。

3. 生机勃发的体育产业增加了体育专业人才的多样化需求

改革开放以来，伴随着社会经济的发展，中国体育产业也呈现出蓬勃发展之势，成为经济发展的重要支点。据统计，2008年中国体育产业增长值较上年上浮20%，2009年体育产业总值超过全国GDP的0.5%；而2014年中国体育产业总值超过1.35万亿元，较2013年增加4014亿元，占全国GDP的0.64%。2011~2014年体育产业产值年均增长率为12.74%，体育产业呈现良好的发展态势，为经济、社会发展做出了应有的贡献❶。《国务院关于加快发展体育产业促进体育消费的若干意见》（国发〔2014〕46号）提出，到2025年体育产业总值实现5万亿元的发展目标，体育产业将成为国民经济发展的重要增长点。国家体育产业的发展战略以及体育产业的迅猛发展将会增加对新型的体育专业人才的需求，为高等体育专业院校多样化人才培养提供了良好的发展机遇。

9.1.3 体育专业院校实力的不断增强为其自身发展争取更多机会

经过改革开放以来40多年的探索与发展，高等体育专业院校取得了较大的进步，自身的实力不断增强，呈现出科技密集、智力密集、资源密集的优势，具体表现在以下方面。第一，体育专业院校在竞技体育发展中的作用逐步凸显。体育专业院校的竞技体校培养了一批优秀运动员；水上、冰雪等项目的基地

---

❶ 阮伟，钟秉枢. 中国体育产业发展报告（2014）[M]. 北京：社会科学文献出版社，2014：100.

建设有所突破，并形成特色，为国家培养了高水平的竞技体育人才；体育专业院校作为国家队的训练基地，为其提供了良好的训练和科研服务。第二，师资力量不断增强，体育专业院校教师通过下队指导训练、进行科研合作或岗位培训，使教师接触到高水平训练，提高了教师的训练、教学和科研能力，体现了理论与实践结合、科技支持训练的优势作用。第三，大量体育资源配置流向学校。随着体育专业院校办学实力的增强，国家体育总局在不同的体育专业院校布局了重点体育实验室、重点学科研究基地等，以促进学校的科研发展；地方体育局也加强与体育专业院校的竞技体育项目合作，为体育专业院校提供场地和器材设备等，在一定程度上缓解了体育专业院校的教学资源紧缺问题。第四，在社会体育中的影响力逐步增大。通过多种形式的社会体育组织和活动，如社会体育俱乐部、青少年夏令营等社会组织，以及承办社会体育运动会、开办社会体育指导员资格培训班、开展社区服务等，增大社会体育服务辐射面，扩大体育专业院校在群众体育中的影响力，促进体育强国建设。高等体育专业院校自身办学实力的增强，将会有能力承担更多的责任，并在体育事业、教育事业和国家发展战略中发挥更加重要的作用。

9.2 挑战

体育事业和教育事业的快速发展，给高等体育教育发展带来了机遇，同样也对高等体育教育发展提出了更高的要求。而高等体育专业院校在面对社会发展带来的机遇时，其当前办学目标定位、管理体制、学科专业设置、人才培养方式等能否满足社会发展的要求，成为高等体育专业院校必须思考的问题和所应面对的挑战。

9.2.1 国家统一政策引领与学校定位差异化的矛盾

高等体育专业院校的公有制属性决定了政府部门在其发展中的主导作用。政府部门制定政策方针是高等体育专业院校制定发展计划的基本依据。但是由于国家政府部门制定的政策方针是针对高等教育或者高等体育教育整体而言的，难以兼顾学校的个体所需。各体育专业院校在制定发展计划时一味以政策为纲领，缺少对自身办学特点的深层思考，容易出现千校一面的局面，体育专业院校专业设置趋同即是很好的范例。

中国 14 所高等体育专业院校分为直属型、共建型和地方型三种管理类型，不同的管理类型在服务区域、承担任务等方面也各不相同。以系统观来探讨体育专业院校的发展，各体育专业院校要注重整体效应的发挥，在办学策略上应当具有层次化和差异化特征，彰显各个学校的优势，展现办学特色既是理论导引也是体育专业院校发展所需。但是在"建设一流大学、建设一流学科"的高等教育发展政策指导下，高等体育专业院校如何做到统筹兼顾，既能突出个体学校办学特色又能发挥所有学校整体效能，成为体育专业院校管理者深入思考的问题。

9.2.2 多方面社会需求下专业建设"全"与"专"的抉择

专业是高等体育专业院校人才培养的基本单位，不同的专业培养不同类型的体育人才。在社会快速发展的今天，教育事业和体育事业对体育人才的需求也是多样的，多样化的体育人才需要必然指引体育专业院校的专业设置呈现综合化发展趋势。过多的专业设置导致学校的教学资源紧缺，教学质量下降，办学特色缺失。而当前国家提出的高等学校"双一流"的办学目标则强调学校要"学校发挥优势，突出特色"。"双一流"发展目标既是对高等体育专业院校发展的正确引导，也是对其全面化的专业设置的挑战。

9.2.3 "办学主体多元化"带来的挑战

改革开放以后，高等教育单一的办学体制逐步被打破，办学主体多元化成为高等教育办学体制改革的主要方向。1993 年《中国教育与改革发展纲要》提出高等教育要形成中央与地方两级办学为主、社会各界参与办学的新格局。《国家中长期教育改革和发展规划纲要（2010—2020 年）》提出，高校要"增强社会服务能力""健全政府主导、社会参与、办学主体多元、办学形式多样、充满生机活力的办学体制""健全以政府投入为主、多渠道筹集教育经费的体制，大幅度增加教育投入"。在国家教育政策的指导下，中国高等教育的办学体制由单一化逐步向多元化发展。多元化的办学类型推动了高等教育的普及速度，经过近 40 年的发展，民办高校数量达到 722 所，招生规模也在不断增长。办学主体多元化俨然成为高等教育发展的主要趋向。但是反观高等体育教育，"多元化主体办学"学校名单中没有一所专业体育专业院校，中国高等体育专业院校的办学体制主要是以公有制为主，这种情况值得高等体育教育管理者深思。单一化的办学体制表明中国体育专业院校存在市场化、开放办学程度不高，学校数量趋于饱和的问题，进而致使体育专业院校陷入办学资金不足、社会化服务能力不强的困境。高等体育教育如何适应高等教育的发展趋势、如何提高在高等教育市场中的竞争力，成为高等体育教育发展所面临的巨大挑战。

9.2.4 多样化人才需求对高等体育专业院校办学条件的挑战

社会体育的快速发展，需要大量的社会体育专业人才，同样竞技体育的发展以及三级训练体制逐渐缩减，也对高等体育专业院校的人才培养提出了较高的要求。竞技体育和社会体育的巨大需求在为体育专业院校发展提供巨大机遇的同时也提出了巨大挑战，具体表现在以下方面。首先，体育专业院校人才培养类型与社会需求的契合度问题。面对当前人才培养存在优秀运动员培养不足和人才培养与社会需求不契合等问题，如何满足社会需求，完善学校的职能，成为高等体育专业院校发展的挑战之一。其次，人才培养的需求对高等体育专业院校的基础条件和人才培养方式挑战，包括教学设施、师资力量、办学资金等。

9.2.5 综合性高校和师范类学校创办体育专业带来的挑战

改革开放以后，师范类高校和综合性大学的体育专业院校不断扩大办学规模。体育教育专业曾经是师范院校和专业体育专业院校的特有专业，在扩招之后，工科、综合性、财经类以及民办高等学院均开设了体育教育和运动训练专业，同样社会体育专业布点也在高校中大规模开设。根据统计，全国 90 所高校开设了运动训练专业，其中体育专业院校 14 所，占总数 16%，综合性大学（学院）32 所，师范类院校 32 所，理工院校 7 所，民族院校 1 所，其他高校 4 所（见图 9-1）。全国开设体育教育专业的院校共有 321 所，其中体育专业院校 14 所，占 4%，综合性大学（学院）、师范、理工、农林、医药、财经、政法、民族、其他高校分别为 131 所、102 所、15 所、5 所、4 所、1 所、2 所、10 所和 37 所（见图 9-2）。武术与民族传统专业全国共有 48 所高校开设，其中 14 所体育专业院校均开设，占 29%（见图 9-3）；社会体育专业共有 298 所高校开设，14 所体育专业院校仅占其中 5%（见图 9-4）。大量的综合性院校和非体育专业院校开设体育专业，增加了体育专业人才的供给量，这无疑对体育专业院校的体育专业设置和人才培养带来了巨大挑战。

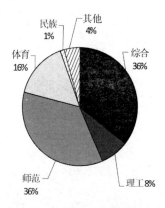

图 9-1　运动训练专业在
高校的布点示意

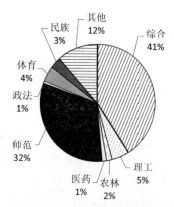

图 9-2　体育教育专业在
高校的布点示意

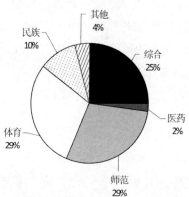

图 9-3　武术与民族传统体育
专业全国布点示意

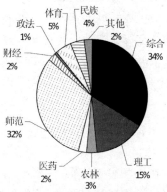

图 9-4　社会体育专业全国
高校布点示意

第10章

高等体育教育的改革策略

解读历史发展足迹，主要是为了呈现历史与现在的关系，并以此为鉴指导未来发展。通过前文对于高等体育教育发展历史分期的阐述，总结其发展过程中的成功与失败经验，并结合当前的机遇与挑战，可为其未来发展规划提供重要参考依据。因此，本书结合高等体育教育的现实问题，提出新形势下高等体育专业院校改革的五项有效策略，即办学目标定位差异化；管理自主化；专业建设特色化；人才培养方式多样化；办学过程开放化。

10.1 办学目标定位差异化

在办学思想方面，教学、训练、科研"三结合"办学思想的提出，突破了高等体育专业院校培养师资的单一职能，指明了教学、训练、科研紧密结合的办学思路。尽管当前学者和专家对于"三结合"的提法、作用、方式尚未形成统一的观点。但是三者的结合在促进体育专业院校发展、增强高等体育专业院校的办学特点方面具有不争的认识和事实。由此教学、训练、科研紧密结合仍然是高等体育专业院校发展的主要办学思想。

基于生态位理论对高等体育教育发展进行分析表明：适度的竞争有利于促进体育专业院校的发展，而生态位（专业设置、人才培养类型）重合度过高，则导致产生资源供应不足（专业招生难度大、就业困难等问题）。错位经营策略是生态位理论的重要竞争策略，对于高等体育专业院校来讲则表现为办学定位差异化发展策略，即办学方向与目标的差异化、办学类型与层次的差异化、办学特色化发展。

10.1.1 办学方向与目标差异化

体育专业院校作为行业性院校，其办学方向应为"立足体育，服务社会"。改革开放以后，由于中国高等体育专业院校办学方向定位存在倾向社会体育或竞技体育的"钟摆"式变换问题，导致学校的办学特性缺失。在社会经济高度发展的今天，国家将发展社会体育提升到与竞技体育同等重要的位置，由此体育专业院校应顺应国家的需求，坚定服务社会体育和竞技体育的办学方向，并在两个方向上形成办学特性。

在办学目标定位方面，高等体育专业院校应以国家提出的"建设一流大学、一流学科"为导向，走内涵式发展道路，结合学校的办学条件和优势，制定适合本校发展的办学目标。同时还要兼顾体育专业院校的办学水平和整体结构布局，制定阶段性和差异化的办学目标，在世界一流、世界著名、国内一流、国内著名等不同层次上有所区别，在优先发展的学科专业方面有所不同。

10.1.2 办学类型与层次差异化

针对当前中国体育专业院校整体在办学类型方面存在结构性失调问题，部分整体实力较强的学校应适当提高目标定位，以研究教学型和研究型两种为发展目标，以提升高等体育专业院校的整体实力。从整体而言，北京体育大学应借鉴性质相同的中国农业大学、中国地质大学等行业性院校，以研究型为努力方向，此观点为体育学者和专家的意向❶。当然由于研究型和研究教学型大学对于学校的科学研究水平要求比较高，对于起步较晚、科学研究基础薄弱的体育专业院校来讲困难重重。

10.1.3 办学特色：特色突出，布局合理

办学特色是指本校与其他学校相比所具有的独特特征。办学特色可以表现为办学理念、办学风格、学科发展水平、课程体系、管理方式等方面。但是相对于其他高校，体育专业院校的办学"特色性"应体现在四个方面：在世界体育专业院校中，要有鲜明的"中国特色"；在全国高校格局中，彰显"体育特色"；在全国体育院系格局中（包括师范类和综合性大学的体育院系），具有鲜明的"学科特色"；在体育专业院校整体中，要有鲜明的"个性特色"。

1. 特色突出：完善"训练"本色，开拓"健康"特色

体育专业院校相对于师范类、综合型大学的体育院系的办学优势在于运动训练方面，包括运动训练理念和方法。体育专业院校在运动训练方法与手段、科技服务等方面具有的独特优势，为体育专业院校优异训练成绩的取得提供了重要保障。在过去，高等体育专业院校注重运动训练方法在竞技体育中的运用，而现在国外一些运动训练方法逐渐被引入大众健身之中，并取得了良好的效果。如身体功能训练是由 Yamamoto 和他的同事首先提出，在发展之初主要用于西点军校的伤病士兵康复训练中，2006 年被刘爱杰博士首次引入国内竞技体育训练实践中，并在国家队备战奥运会中发挥了一定的作用，现在许多专家将这种训练方法逐渐回归到大众健身之中。在当前健身思

---

❶ 黄浩军. 中国体育专业院校发展之路：回顾与反思、时申与前瞻 [M]. 北京：北京体育大学出版社，2010：151.

想普遍发展的今天，体育专业院校应当突破仅仅服务竞技体育的思想，将竞技体育中的训练方法手段运动到全面健身中，在大众健身和运动康复方面有所突破，形成体育专业院校的新的办学特色。

在竞技体育方面，体育专业院校要完善"训练"特色。针对中国体育专业院校当前存在的"训练"成效不足的问题，在当前"三级训练体制"逐渐缩减的形势下，体育专业院校应当发挥在竞技体育中的作用，不断进行训练体制和管理服务体制创新，建设高水平训练基地，培养高水平运动员，提高运动技术水平，为教育、训练、科研"三结合"提供一条龙管理和服务，走出一条学校办竞技体育的新路。

在社会体育方面，体育专业院校要突出"健康"特色，在"体医结合"中发挥作用，实现体育与全民健身的深度融合。利用体育专业院校在科技、训练理论与实践方面的优势，坚持基础研究与应用研究相结合，创造出具有理论价值和应用价值的学术成果。体育专业院校要以国民体质健康监测、运动风险评估、运动处方研制、科学健身方法手段的研制与推广、运动伤病预防与损伤康复方面为重点，进行探索、发展、创新，凝练成自身的办学特色，为社会体育提供科学指导和科技支持，实现"体医结合"的真正融合。现阶段由体育专业院校最先引进的核心训练、身体功能训练以及体能训练方法逐步由竞技体育走向大众体育健身，在健康促进、运动康复方面具有良好的锻炼效果，并在社会体育健身爱好者中产生了较大的反响，成为体育专业院校新的办学优势。

2. 布局合理：办学特色的差异化布局

办学特色代表着大学的核心竞争力，是其发展的生命力之所在。高等体育专业院校要树立特色即是生命力、发展力的观念，立足自身优势，准确定位，突出个性，在优势学科、重点专业、优质课程等方面展现自身特征，才能实现学校的突破性发展，提高办学水平。改革开放以来高等体育教育的发展经验提示，过度集中是导致办学特色缺失的主要原因。由此高等体育专业院校应当注意办学的差异化发展，避免过多学校在同一特色方面进行角逐，致使原有学校的办学特色在同质化中消失。

高等体育专业院校办学特色定位的差异化主要体现学科、专业、课程、项目、服务区域等内容形式的差异化。学校不能在办学方面做到面面俱到，要有所为有所不为，对学科、项目、服务区域等方面要重点选择，力求学校之间的办学重点不相同，避免所有院校的过度竞争。高等体育专业院校办学重点的差异化既是内容办学特色形成的基本保障，也是避免特色消失的重要措施。高等体育专业院校的办学特色定位差异化发展既要突出点也要兼顾面，要保持体育专业院校办学特色覆盖面的完整性。

10.2　管理自主化

当前高等体育教育管理体制中存在的条块分割问题制约院校之间统筹规划；办学性质单一问题影响学校的社会化、开放化办学。依据分权理论，高等体育专业院校管理应当厘清高校管理中政府与学校的责权问题，将政府部门的管理权限适度下放，提高高等体育专业院校的办学自主权，具体表现在两方面：第一，正确处理"府学关系"；第二，扩大办学自主权、实行大学自治。

10.2.1　正确处理"府学关系"，放权与宏观调控同步

所谓"府学关系"是指政府与大学的各种关系总和，包括

法律关系、经济关系、行政关系等多个方面。"府学关系"的核心内容为自制与控制的平衡关系。西方国家经济发展历程证明，政府对于市场经济发展过于放任，市场经济容易出现机会主义和欺诈行为，容易产生市场经济混乱，出现经济危机，这时需要政府介入，收紧管理权限；但是待经济体系趋于完善时，权力过于集中的政府管理体制易制约经济的发展活力，这时须实行简政放权，放松管制以解除对经济的束缚。❶ 对于高等教育系统亦是如此，中国高等体育教育也存在"一放就乱、一管就死"的问题。究其原因是"府学关系"未达成一种平衡。

"府学关系"的理性状态为政府宏观管理与学校自主办学、自我管理达到一种平衡状态，并在社会治理方面建立合作关系，以最大限度发挥高等体育专业院校的职能。❷ 针对中国高等体育教育存在的条块分割、缺少统一协调管理的问题，政府之间应打破条块之间的壁垒，增强部门之间的沟通联系，教育部（高教司、体委艺司等）和国家体育总局（科教司、竞体司、群体司等）主管部门之间构建统一协调机制，相应的地方体育局与教育局也应建立一种统一协调机制，以保障体育专业院校的协同发展，形成高质量、多层次、多类型、特色化的发展格局，最大限度实现高等体育专业院校教学、科研和社会服务职能的立体功能。学校之间也应当加强联系，建立长效协作机制，如国家体育总局举办的全国体育学院工作会议和全国体育专业院校书记院校长会议，对于总结体育专业院校改革成果经验、解决现存问题以及规划设计体育专业院校的将来发展方向起到良

❶ 徐育才. 论地方政府事权下放的理论依据及现实动因 [J]. 佛山科学技术学院学报（社会科学版），2012，30（6）：47-52.

❷ 黄浩军. 中国体育专业院校发展之路：回顾与反思、时申与前瞻 [M]. 北京：北京体育大学出版社，2010：182.

好的促进作用。为扩大会议的影响，会议应邀请教育部相关部门参与，以促进体育专业院校教育与体育事业协同发展。政府与学校之间的关系是高等体育专业院校发展的关键，政府管理部门要转变职能，由直接行政管理调整为运用制定法规、政策指导、经费支持、信息服务和一些必需的行政手段进行宏观管理，而体育专业院校在招生政策、专业设置、机构设置、人事调整、经费使用、工资分配、职称评定、对外合作交流等方面享有办学自主权，使高校真正实现自主办学。

对于当前存在行政管理体制和经费来源渠道单一以及政府部门对体育专业院校管理过死的问题，高等体育专业院校要不断进行体制改革，拓宽服务对象和经费来源途径，增加与社会企业、体育单位、科研机构的合作，实现多样化的经费来源途径，增强学校的社会适应能力。

10.2.2 落实政策，促进依法自主办学

长期受计划经济办学体制的影响，缺少办学自主权和缺失大学制度成为制约中国高等体育专业院校发展的瓶颈。改革开放以来，国家体育总局和教育部下放了专业设置、招生就业、教学计划、选编教材、组织实施教学活动等权限，扩大了体育专业院校的办学自主权。但是通过专家访谈得出，部分院校存在政策落实不及时、不到位的情况，这也成为制约学校发展的主要原因之一。社会主义市场机制的不断发展，政府部门要将办学自主权逐步下放，尊重大学自治、学术自由和学者独立；体育专业院校也要建立适应市场发展的办学机制，按照社会需求依法自主办学，走出一条自强自立的发展之路。

10.3 专业建设特色化

10.3.1 体育专业院校专业的差异化发展：加强发展本体专业，适当发展交叉学科专业

体育专业院校开设的专业按照其所属学科门类可以分为本体专业、交叉学科专业，其中本体专业主要包括体育教育、运动训练、武术与民族传统体育、运动康复、休闲体育和运动人体科学专业，这些专业是体育类下属专业，应当加强发展。交叉学科专业包括特殊教育、舞蹈表演、舞蹈学、舞蹈编导、表演、广播电视编导、播音与主持艺术、体育经济、汉语国际教育、英语、新闻学、广告学、信息与计算科学、心理学、应用心理学等专业，这些专业隶属于其他学科门类，其基础知识和理论体系来源于相关学科，属于应用性专业。这些专业的发展始终依存于母学科的发展，人才培养目标与母学科存在一定的相似性，但人才竞争力却难以与母学科培养的专业人才相匹配，因此交叉学科专业应当适度发展。

10.3.2 办好体育教育训练学专业，突出体育特色

体育专业院校是以体育学科为主要特色的专业性院校，引领体育行业发展，展现体育特色是体育专业院校的职责。但是在改革开放以后，体育专业院校过多注重体育教育和非体育类专业的发展，而体育类专业发展缓慢，导致体育特色逐渐弱化。另外，随着师范类和综合性体育院系创办体育专业，造成体育专业院校的体育专业在同质化发展过程中失去特色，自身竞争力减弱。体育专业院校究竟应何去何从，如何突出自身的办学特色，成为全国体育界学者和专家共同关注的问题。相对于师

范类高校和综合性大学体育院系，体育专业院校的办学优势在于训练，学校拥有先进的科研机构、先进的训练理论、经验丰富的教师资源以及相对完善的场馆设施资源，能够承担起服务竞技体育的重任，由此突出"训练"是体育专业院校的办学特色之一，具体到专业则为体育教育训练学专业。这个观点也得到国内有关专家的认同❶。国外著名体育大学的办学特色也是服务竞技体育的相关专业（见表10-1），如春田学院的体育教育训练专业、俄罗斯国立体育大学的培养高水平运动员的理论和方法学等。办好体育教育训练专业主要体现在为竞技体育提供科技服务，引进和探索先进的训练理论与方法，以及培养优秀运动员和教练员等方面。

表10-1　国外部分体育专业院校的特色专业和研究机构❷

院校名称	春田学院	科隆体育学院	韩国体育大学	俄罗斯国立体育大学
特色专业和研究机构	体育教育训练健康体育残疾人体育	体育运动材料研究学体育运动的生命周期研究运动创伤学研究科隆教练员学院	残疾人体育学体育舞蹈学高级教练员学校	体育理论与方法学培养高水平运动员的理论和方法学

10.3.3　开拓运动健康与康复专业

运动健康与康复专业的培养目标为"培养运动康复与健康、

❶ 鲁长芬，王健，等. 运动训练专业改革的问题、原因及策略研究 [J]. 武汉体育学院学报，2011，45（1）：80-87.

❷ 车晓波，魏琳. 从国外体育专业院校的发展状况谈创建一流体育大学的若干思考 [J]. 上海体育学院学报，2003，27（4）：72-76.

体能训练等方面的高水平实用型人才"❶。而在课程设置方面，一些与运动训练理论相关的课程成为本专业的必修课程❷。如天津体育学院开设健康体能评价与运动处方、北京体育大学开设体能训练理论与实践等课程❸，而且随着"体医结合"思想的逐步落实，竞技体育训练过程中的先进的训练理论与方法、运动损伤治疗与康复的方法、身体健康评价的方法以及运动营养的科学安排等逐渐加入到运动康复专业当中，成为该专业发展的有力支撑理论体系。鉴于运动康复专业在培养目标、课程设置、知识理论体系方面呈现出与运动训练专业相同的发展趋势，运动康复专业将会成为体育专业院校重点发展的潜特色专业。但是针对当前运动健康和康复专业存在学科基础薄弱的问题，体育专业院校在今后发展中应注重增强运动康复专业的相关学科建设和课程体系的科学化设计。

10.4 人才培养方式多样化

面对当前中国体育专业院校人才培养方面存在的人才培养目标未能全面实现和"体教结合"人才培养模式效果不好、社会体育人才培养质量不高的问题，结合体育事业和教育事业发展对高等体育专业院校的需求，体育专业院校应实行多样化的人才培养方式，培养高质量的体育专业人才，满足社会的需求，完善体育专业院校的教学、科研和社会服务职能。人才培养方式多样化具体表现在人才培养目标的多样化和人才培养途径的多样化。

---

❶ 北京体育大学官方网站 http://ydkfx.bsu.edu.cn/yxgk/yxjs/index.htm.
❷ 北京体育大学本科工作手册 2014（内部资料）.
❸ 天津体育学院教学概览 2015/2016（内部资料）2016.

10.4.1 人才培养目标多样化

服务竞技体育是高等体育专业院校的办学初衷，培养高水平运动员是高等体育专业院校的重要职责，由此，体育专业院校应坚持"体育为根"，完善"训练"本色，培养优秀运动员和教练员，开拓"健身"特色，培养"体医结合"所需新兴体育特色人才，另外也要兼顾培养社会体育人才的需求。

1. 完善"训练"本色，培养优秀运动员和教练员

在竞技体育人才培养方面，体育专业院校应完善培养优秀竞技体育人才的本职职能，并根据竞技体育的发展培养多样化的新兴体育人才。教学、科研、社会服务是高等教育的主要职能，而高等体育教育作为行业性高等教育，需要担负着行业的特殊任务——训练。受三级训练体制和高等教育大众化发展的影响，体育专业院校在发展过程中"训练"职能未能全面展现，在教练员和优秀运动员培养方面贡献率不高。在当前三级训练体制体系逐步萎缩、体育专业院校办学实力逐步增强的形势下，体育专业院校应当承担起培养高水平运动员和优秀教练员的责任，为竞技体育提供应用型人才。同时为满足运动项目协会实体化和竞技体育市场化对多样化竞技体育人才的需求，体育专业院校应适时培养新型体育人才，如技战术分析师、体能教练、技术教练等。另外竞技体育的发展离不开科技的支撑，体育专业院校应提高体育科研人员培养质量，为竞技体育发展提供"科技人才库"，促进竞技体育的快速发展。

2. 开拓"健身"特色，培养"体医结合"所需新兴体育特色人才

对于体育专业院校存在社会体育人才培养质量与社会需求不符的问题，体育专业院校应以社会市场发展需求为导向，深

化教学改革，科学制定专业培养方案和课程改革方案，并加强教学质量监控，从而培养社会所需的高规格体育专业人才。同时要充分利用体育专业院校的人才、知识、资源优势，将竞技体育中最先进的训练理念与方法、身体健康测量方法与手段、运动伤病治疗与康复理念等运用到社会体育健身中去，培养运动康复师、社会健身指导员、康复保健人员、体质测量评价人员，并逐步形成体育专业院校的特色人才。为了顾全大局，体育专业院校也要适当培养体育新闻、体育旅游等专业人员。

10.4.2 人才培养途径多样化

1. 完善运动队"院校化"和一体化的"体教结合"办学模式

面对三级训练体制逐步萎缩、普通高校办高水平运动队培养竞技体育人才效果不明显的局势，体育专业院校应当发挥自身的科技优势、科研优势、人员优势，突出在竞技体育人才培养中的作用，构建一体化的体教结合人才培养体系。原沈阳体育学院副院长李杰凯教授认为："体育专业院校在竞技体育人才培养方面具有科技、智力、科研优势，应当承担起培养竞技体育人才培养的重任，逐步完'三结合'模式"。首都体育学院院长钟秉枢教授认为："'三级训练体制'仍然是中国竞技体育人才培养的主要渠道，体育专业院校实行'体教结合模式'能否真正实现，取决于国家训练体制的改革方向"。原北京体育大学校长杨桦教授认为："在高科技时代的今天，体育必须与教育结合……使竞技体育和高等教育结合，将是改变目前训练体制的有力措施"❶。北京体育大学校长池建教授认为："专业体育专业院校职能的重新定位中要承担起培养高水平竞技体育人才的使

❶ 杨桦. 教育、训练、科研"三结合"的探索与实践 [J]. 北京体育大学学报，2005，1（28）：1-4.

命，在'体教结合'模式下为竞技体育培养更多优秀人才"。❶
前国际奥委会主席萨马兰奇曾说："21世纪各大洲竞技体育发展
仍不平衡，走院校化道路将是总趋势"。由此可见，国内外学者
和体育专业院校管理人员都倾向于竞技体育专业院校化发展之
路，体育专业院校应承担起发展竞技体育的重任，逐步完善
"体教结合"人才培养模式。

对体育专业院校而言，要在竞技体育人才培养方面发挥作
用，目前体育学者和专家比较认同且在实践中取得良好效果的
体教结合模式主要有以下几种。第一，构建由基础教育传统体
育项目学校和高等教育体育专业院校一体化的竞技体育人才培
养模式。该人才培养体系是国内多数体育学者比较认同的竞技
体育人才培养模式❷。该体系能够丰富中国的竞技体育举国体
制，为运动员提供一体化的文化教育体系，解决当前"三级训
练体制"内运动员的"学训"矛盾，也能够解决运动员文化素
质不够和就业难的问题。同样该竞技体育人才培养体系比较符
合当前各层次人才培养体系的发展趋势，能够将现有体系有效
衔接。如教育部在中小学建立体育项目特色学校（教育部到
2025年在全国建立5万所足球特色学校）；体育专业院校建设专
项运动学院（山东体育学院建立国家足球学院、国家篮球学院）
以及高水平运动员研究生班（北京体育大学的"冠军班"）。
沈阳体育学院在冬季项目竞技体育人才培养方面取得的成功为
该人才培养体系提供了发展典范。沈阳体育学院依托竞技体校，
构建了基础教育选材、入队一直到大学本科和研究生教育一体

❶ 池建. 体育专业院校再不转型就会有生存之忧 [R]. 全国第十届体育科学
大会, 2015.
❷ 于晓光. 加强体教结合完善举国体制发挥高等院校在竞技体育中的作用
[J]. 沈阳体育学院学报, 2008, 27 (6): 1-4.

化人才培养模式，有效解决了运动训练的"学训"矛盾，且为国家培养了多名学生运动员和冬奥会冠军。第二，体育专业院校与体育局合作，体育部门将竞技体育运动队进行院校化改造，优秀运动队作为体育专业院校的一个单位，进行教学与训练。如江苏省、山东省、辽宁省分别将 11 个、10 个、6 个奥运项目运动队设到南京体育学院、山东体育学院、沈阳体育学院，国家体育总局也将艺术体操、马术、射箭等项目国家级训练基地设到北京体育大学。该人才培养体系存在两个体系不融合、学训矛盾等问题，需要进一步改进融合。

2. 探索"体医结合"人才培养模式

"体医结合"从表层进行理解就是体育与医疗的结合，即按照医学的理论体系将体育健身方法进行科学化归纳，使之处方化。在"体医结合"思想中体育具有健康（预防）、治疗、康复的作用。随着全民健身上升为国家战略，"体医结合"将成为推动健康中国建设，增进人民健康的重要战略依托。

北京体育大学副校长胡杨在接受《中国青年报》记者采访时表示，健康、医疗相关课程体系是体育专业院校社会体育指导员培养的薄弱环节。他还表示，体育专业院校的运动康复和运动人体专业的学生缺少体育技能实践能力，且专业知识主要为运动训练和运动损伤方面知识，缺乏健康、医疗方面知识，致使这部分体育人才很难即时转入医疗健身行业❶。

结合当前社会发展对于体育人才的需求，体育专业院校应抓住机遇，探索"体医结合"人才培养模式，拓宽人才培养新领域，培育体育专业院校新的办学特色。在"体医结合"思想中体育具有健康（预防）、治疗、康复的作用。体育专业院校在

---

❶ 毕若旭，梁璇."健康中国"需要一张运动处方 [N]. 中国青年报，2016-03-14 (8).

探索"体医结合"人才培养模式过程需要注意两方面：首先，探索"体医结合"人才培养形式及人才类型；其次，调整"体医结合"课程支撑体系。

在"体医结合"形式方面，结合"体医结合"的指导思想以及大众的需求培养体育人才，主要包括传统中医学与体育的结合，竞技体育中的体能训练方法手段、身体监测、康复治疗手段在大众健身中的应用，民族传统体育与医学结合等形式。这在当中传统中医学与体育结合在成都体育学院中已经开展，并发展成为学校的特色专业；竞技体育训练方法与大众健身方式相结合，北京体育大学与首都体育学院也已经进行了实践探索，两个学校将竞技体育中的体能训练和身体功能训练方法应用到了大众健身和中小学体育课程之中，引起了强烈反响。在传统体育与医学结合方面，北京体育大学成立了民族民间体育和体育养生专业，将导引术和太极拳等传统体育与健身、养生相结合。在体医结合人才培养课程体系方面，体育专业院校应当增设健身和医疗方面的课程内容，同时针对运动康复专业运动技术基础薄弱的问题，增加技术实践课程的学习。

3. 社会需求导向下的多元化人才培养模式探索

国家体育人才市场呈现出体育产业、高质量大众健身指导人才严重紧缺与体育专业院校培养的体育人才就业难的两极分化状态，反映出体育专业院校人才培养目标与社会需求的矛盾问题。由此体育专业院校应遵从社会发展需求，探索多元化的人才培养模式。根据高等教育对于人才培养类型的划分，体育专业人才可以划分为：应用型人才、研究型人才、复合型人才，相应的人才培养也分为三种模式：应用型人才培养模式、研究型人才培养模式和复合型人才培养模式。

应用型人才培养模式强调以社会服务为培养方向，注重理论知识和实践知识的掌握。应用型人才培养模式是当前体育专业院校本科专业人才培养的主要方式。以社会需求为导向培养应用型体育人才，需要体现出"厚基础、宽口径""理论与实践并重"的培养方针，通过多种必修课程和选修课程拓宽学生的理论基础知识面，同时应当紧跟社会发展及时增加新兴知识，以适应不同的社会需求（如运动康复专业应增加健康、医疗课程，以适应"体医结合"人才需求）。另外要注重学生的实践技能与实际操作能力的培养，以适应工作岗位的需求（如体育教育专业、运动康复专业的运动技术能力）。

研究型人才培养模式侧重对理性、学术与知识等目标追求。❶ 研究型体育人才培养要注重创新、专业、博学的发展方向，创新指把握专业和学术发展前沿动态，不断探索未知领域；专业指在体育某个专业领域有较深的研究和建树；博学指掌握深厚的体育学科专业知识，具有较强的学习、研究和实践能力。研究型人才培养模式主要适用于研究生层次体育人才培养。

复合型人才培养模式是应用型和研究型人才培养模式的结合，兼顾社会需求和科研导向，适用于办学类型定位于研究教学型的体育专业院校。

10.5 办学过程开放化：办学社会化与交流国际化

在办学主体多元化发展以及高等教育市场化、国际化发展的时代背景之下，中国高等体育教育的单一办学体制已经呈现出多种弊端。由此高等体育专业院校应实行开放化办学，提高体育专业院校的市场化和国际化办学水平。首先，体育专业院

---

❶ 胡建华，周川，陈列，等. 高等教育学新论 [M]. 南京：江苏教育出版社，2000：233-234.

校要面向社会，提高服务国家和区域经济发展的意识，加强与地方企事业单位的合作交流，拓宽办学资金来源；增加与地方科研机构、高等学校、兄弟院校的科研、教学合作，提高学校的科研、教学水平；加强与国家、地方体育局的合作，增加对体育事业的科技、教育、训练方面的支持。其次，在国际化办学方面，体育专业院校在前期办学成果的基础上，继续扩大对外交流合作的范围和深度，在学术研讨、科研项目合作、体育项目引进、跨国课程开设、留学生培养等方面增加合作，提高高等体育专业院校的办学质量，增加在国际高等学校的竞争力，加快"双一流"建设的步伐。

美国高等体育教育经验借鉴

纵观国外发达国家高等体育教育的发展历程，发现他们的危机在20世纪70年代即已出现。经过一系列的改革，现阶段国外发达国家体育教育发展较为成熟。而我国现阶段的高等体育教育专业正面临着发达国家经历过的困境，研究国外高等体育教育发展现状与模式对我国高等体育教育具有重要的启发作用，总结其发展过程中积累的经验与教训，对我国高等体育教育具有学习和借鉴意义。

美国高等体育专业教育自1861年创建以来，距今已有150多年的历史，其间经历了第二次世界大战后的高等教育大众化发展，20世纪70年代中期体育专业扩张以及现代高等体育专业教育体育院系及其专业名称变更，学科重组，自然学科教育增重等发展变革，学科体系逐渐完善，并形成了自己的教学特色。美国的国家体制和社会发展背景与我国存在一定差异，但高等体育教育的发展历程以及发展过程中存在的问题与我国高等体育教育发展具有一定相同之处，因此研究美国的高等体育教育对我国高等体育教育具有一定的参考价值。

当前高等体育教育主要承担着教学、训练、科研三方面的任务，美国高等体育教育在这三方面均取得了丰硕成绩。美国竞技体育连续多届奥运会排在世界前列，这些成绩离不开美国高等体育教育体系的贡献，同样美国男子篮球职业联赛（NBA）的成功，也离不开高等学校完善的篮球培养体系；在训练方面，美国先进的训练理论也为我国竞技体育训练提供了经验借鉴等，因此选取美国高等体育教育进行研究，可为我国体育教育发展提供经验。

我国现阶段对于国外高等体育教育的研究主要集中在院系及专业设置、课程设置等方面，多限于一定时期和特定领域，这种个别、单一的研究容易导致认识的片面性。本书以整体的观点对美国高等体育教育的办学目标、管理体制、学科专业设置、人才培养目标进行研究，有助于体育工作者和学者对国外先进的高等体育教育发展模式有较系统的认识。

11.1　美国高等体育教育发展背景

美国拥有世界一流的高等教育，其经济、社会、科技的快速发展，高等教育的作用居功至伟。作为高等教育的重要组成部分，美国的高等体育教育也处于世界领先地位，完善的体教结合训练体系，良好的人才培养理念，为美国培养了大量的优秀运动员和体育专业人才。美国的高等体育教育在 20 世纪 70 年代曾经历过发展危机，经过一系列的改革，现阶段美国高等体育教育发展较为成熟。

美国体育教育专业发展始于美国内战期间，首座体育专业院校为 1861 年建立的波士顿体育师范学院，距离今天已有 150 多年历史。波士顿体育师范学院首期学生 14 人，学制仅 9 周，实际上只是个教师培训班。此后，随着各州中小学开设体育课，体育师范教育在美国开始发展，出现了一批体育师范院系，如纽约的美国体操联合会师范学校（1886 年）、波士顿体操师范学校（1889 年），属于教会的春田学院（Springfield College）也在 1887

年创办了体育系。1900 年以后，美国的综合性师范学院或大学陆续设置了体育专业。截至 1925 年，美国全国已有近百所高等学校设置了体育专业。学制由初期的几个月逐渐增至为二年、三年，最后发展成为与其他学科专业相同的四年本科制。在本科教育发展的同时，美国体育专业研究生教育也在 1901 年开办。第二次世界大战后，美国高等教育迅速发展。战争期间及战后一段时期内，美国出现人口生育高峰，导致 20 世纪 50 年代末和 60 年代初，入学人数激增，对师资的要求更加迫切。在此社会需求下，体育专业人才加速发展。

11.2 美国高等体育教育的发展进程

11.2.1 春田学院发展史

1）学校发展历程（见表 11-1）。

表 11-1 春田学院校名变化历程

年　　份	名　　称
1885	基督教工人学校
1890	基督教青年会培训学校
1891	国际基督教青年会培训学校
1912	国际基督教青年会学院
1954	春田学院

学校初建于 1885 年，最初是一所基督教工人学校，专门培训基督教工作者，在建立初期学生仅有 18 人。1891 年，国际基督教青年协会与学校建立联系，学校也更名为"国际基督教青年会培训学校"，学校的主要办学目标为培训全球基督教青年会

选送的管理执行主管。1912 年，学校更名为"国际基督教青年会学院"，继续为全球基督教青年会服务。1954 年，学校正式更名为"春田学院"。

美国几乎所有体育院系都设在综合性大学内。春田学院也属于一所综合性大学，只是学校的主要专业为体育相关专业，如体育、健康和娱乐专业教育等。

2) 春田学院的校徽与校章。自 1885 年以来，春田学院一直把重点放在培养学生的精神、思想和身体上，使他们在为他人服务方面发挥领导作用。此称为春田学院的人文主义哲学。新的学术项目、革新、建设和其他重大发展确保了学校对当今学生和社会的关注。

尽管社会在不断发展，有一件事没有改变，那就是学校的人文关怀。这意味着学校非常重视帮助学生全面发展并在他们的社区、组织和公司中担任领导者。春田学院提供学士学位、硕士学位和博士学位，是寻求全面教育、强有力的学者、经验学习机会以及积极和充实的共同课程和体育参与的理想目的地。

春田学院的校章包括路德·古利克三角，里面写着"精神""心灵"和"身体"。三角形内有学习之灯，三角形周围是一个圆圈，包围着该机构的名称及其 1885 年的成立年份。路德·古利克三角继续代表着学院及其人文哲学，即在精神、思想和身体方面教育学生，为他人服务。春田学院在公事中会使用校章。例如，它印在总统办公室的某些通信、礼仪文件、奖状和文凭上。

春田学院的标志创建于 2015 年，其中包含"春田学院"和一个倒三角形，体现了该学院的人文主义哲

学，它承认一个人的情感、智力和身体生活是相互关联的。在标志中使用的倒三角形可以追溯到春田学院的教员路德·H. 古利克（Luther H. Gulick），他是美国体育和娱乐领域的先驱，他于 1891 年首次将该符号引入该学院。

春田学院的体育标志是一个街区符号，已使用了很多年。该学院选择以一种始终如一的方式向前发展，这是对其历史的尊重；使用了双色的颜色，以明确春田学院与其他院校的区别。

3）学校人文哲学阐释与发展历程。

人文科学的概念是指春田学院以培养学生的精神、思想、身体为引导，为人类服务的使命。多年来，春田学院的杰出教职员工一直在向学生讲授人文哲学。

塞斯·阿瑟尼安（Seth Asasian）是春田学院第一位杰出的人文科学教授。他的任命是为了更新人文主义哲学的意识，这是长期以来确立的制度伦理。1967 年，阿瑟尼安教授向全体教师发表了关于人文科学的演讲。这是由不同的教职员工向他们的同行报告他们如何应用这种人文科学哲学的一系列努力中的第一次。

人文科学是春田学院历史哲学中一个具有特殊意义的词。正如塞斯·阿瑟尼安所写的那样，"要塑造人，就必须认识人"。基于这一信念，那里发展了人文科学的概念，经过几次蜕变，成为春田学院公认的教育哲学。正是因为有了这种哲学，学院才相信自己与其他学院是不同的。正是围绕着这一理念，学院管理部门、教职员工、学生和校友共同努力，朝着共同追求的目标迈进。正是通过专注于这一理念，在其校园里形成了一个大学社区。

11.2.2 美国体育学院发展史

美国体育学院于 1972 年由托马斯·P. 罗桑迪奇（Thomas P. Rosandich）博士创建，办校的初衷是满足美国日益增长的体育和社会需求。学校的办学目标是为国家和世界提供体育教育资源，通过教学、研究和服务项目来提升体育水平。

美国体育学院建校初期，学校的办学服务对象主要为竞技体育。1972 年慕尼黑奥运会上，由于缺少运动康复和辅助训练方法手段，美国队的表现不佳。1974 年，"布莱斯-穆勒报告"的发布进一步凸显了竞技体育对体育学院的服务需求。在此需求情况下，负责全国教练、管理和体育医学教育的全国体育学院院长协会授权美国体育学院培养国家中学一级教育教师、教练、体育医学专家和行政人员，此时期美国体育学院的主要办学目标为培养教员、教练员、体育管理人员。

1981 年，美国体育学院成为南方学院协会的成员资格认证候选人，并经过审查，于 1983 年获得认证。自此，美国体育学院成为美国第一所也是唯一一所独立的、经认证的、专门从事体育专业研究生研究的机构。此时期，美国体育学院的办学职能增加为"教学、训练、科研"。

随着学校的发展，美国体育学院的服务对象逐渐呈现国际化发展趋势。美国体育学院的"国家教员"（NAFAAC）由各专业领域的杰出体育教育工作者组成。美国体育学院的成员在该学院的文化交流项目中担任着培养世界各地体育专家的重任，现如今该项目已向美洲、非洲和亚洲大约 60 个国家伸出援手。

美国体育学院的办学理念之一是它将办成一所"无围墙的大学"，学院可以通过在全球任何地方教授体育来满足学生的需要。美国体育学院积极应对这一挑战，创立了导师制等创新的教学实践，为学生提供了极大的灵活性。美国体育学院运用广泛认可的远程教学系统，让所有寻求学位的学生都能在全世界各地学习到他们所需要的整个学习课程。

在过去的 40 年里，美国体育学院在成为国家体育教育资源的使命中取得了巨大的成功；事实上，它已经成为世界闻名的"美国体育大学"。美国体育学院的学位课程每年有近 1300 名学生学习，学院的体育教育课程是被认为是世界上涉及范围最广的课程，学校也逐渐发展成为世界级优秀体育大学。

11.3　美国高等体育教育办学目标定位

在美国只有一所体育专业型大学——美国体育学院，大多数高等体育教育专业都设置在综合性大学内，所以美国的高等体育教育人才培养目标在一定程度上受高等教育影响。美国高等体育教育专业的办学目标定位是与美国的社会发展相适应的。自 19 世纪美国高等体育专业教育开创以来，美国高等体育教育办学目标定位进行了多次调整。1861 年，迪欧·路易斯创办了以培养体育教师为主的波士顿体育师范学校。20 世纪 80 年代，随着高等教育、社会经济、人口结构的变化，美国高等体育教育办学目标逐渐增设服务社会功能，增加体育管理、体育科学、体育素质、休闲和业余体育等专业。在当前社会背景下，美国高等体育教育办学目标定位为教育、科研、服务三项功能，培养目标为优秀教练员、体育管理人员、健康指导员和教师。

在人才培养目标方面，美国高等体育教育注重全面人才的培养，美国体育学院和春田学院提出学生运动员的人才培养理念，即集多学科知识与体育专业技能于一体的复合型人才，使学生既具有适应社会的职业技能，也具有参与体育竞技的专业技能。在人才培养思想方面，注重思想、精神和身体的教育，培养全面的人（见表 11-2）。

表 11-2 美国体育院校办学目标定位

学校	学校性质	办学目标
美国体育学院	体育专业院校	服务于国家和世界，作为体育教育资源，通过教学、研究和服务计划提升体育水平
美国春田学院	体育专业院校	服务于人类，以"让世界变得更美好"作为学校的使命和学校的内在职责。在人生哲学方面，通过对学生思想、精神和身体方面的教育，培养全面的人，并树立为他人服务的观念

在办学目标方面，美国高等体育教育注重教学、科研和社会服务三方面，当然训练也是学校的主要目标。其中社会服务是学校的主要办学目标，增强大众的健康是学校的主要目标之一。

办学层次与水平定位方面，美国高等体育教育涵盖了本科、硕士、博士三个层次的人才培养，如春田学院在教学层次方面涵盖了本科、硕士、博士三个层次的教学，其中健康体育与娱乐学院可以授予学士学位，授予硕士、博士学位的专业有运动心理学、体育、娱乐、健康护理等。除此之外，春田学院还开设了高级研究学位课程，主要针对不想读取博士学位的硕士。

美国高等体育院校服务既注重本国的教育需求也担负世界教育的职责，如美国体育学院、春田学院均提出服务世界的办学目标定位。

在办学规模方面，美国体育学院不注重规模扩张，而注重教学质量的提升，如美国春田学院在校学生 5000 余名，包括 3621 名本科生与 1441 名研究生。

在办学特色方面，不同的学校有不同的办学特色。例如，春田学院有着良好的运动传统，其球类运动（特别是篮球和排球）专业、运动医学和运动心理学等在美国乃至世界都享有很高的声誉。

在办学类型方面，美国高等体育院校教学、训练、科研三方面兼顾。春田学院在教学方面开设了本科、硕士、博士三个层面的学位教育，专业开设也涉及教育、管理、健康等方面；科研方面，春田学院所从事的研究大部分属于应用和服务性研究。科研经费来自私人和公共部分，由研究生院负责管理的学生研究基金可资助学生的科研活动，其他的研究可以从联邦、州政府、私人企业、教会和其他社会组织得到资助。有些研究还与社区机构和学校合作进行。在训练方面春田学院有着良好的运动传统，它始终坚持运动是一种教育手段和可以帮助学生全面发展理念，其球类运动（特别是篮球和排球）专业是春田学院的优势项目。

11.4　美国高等体育教育管理体制

美国的高等教育体系复杂庞大，全国共有 3000 多所大学。美国教育实行各州自治，各校教学自主，没有统一的教育计划。各校在规模设施、学术水平、专业设置、教育计划、人数与毕业要求等方面存在着某些差别，发展不平衡。美国的体育专业教育也不例外，各体育院系客观上处于一种多元化的状态。20世纪 70 年代中期以后，美国的高等教育迅速发展，以信息技术为先导的科技革命深刻地影响着美国社会经济、生活的各个方面。由于 70 年代中期以后美国进入了不稳定发展时期，经济不景气，政府对高等学校的拨款减少，使得美国许多高等学校为求得各方面的赞助而调整教学和科研计划来迎合社会的需要，美国高等教育开始改革。

美国高等教育资金来源的多样化以及对政府资金支持依赖性减小，在一定程度上减少了政府对于高等教育的干扰，增加了高等教育发展的自主性。学校的发展更多地依赖于社会的发展。

11.5 美国高等体育教育学科与专业发展

美国体育学科体系是在德国和瑞士体操体系的基础上，结合本国国情形成独具特色的"美国体系"。分类指导计划（Classification of Instructional Programs，CIP）是美国主要学科分类参考体系，由国家教育统计中心制定，是美国教育部颁布的参考性学科专业分类标准。

美国属于地方分权制国家，在学科专业设置管理方面，美国实行高校自主管理，高校有充分的自主设置学科的权力；学科专业设置指导方案形成方面，CIP 学科分类指导计划是一种"统计归纳式"分类方法，该体系将存在一定时期的专业纳入 CIP 目录表中，是一种现量的统计，而非专业的审批；在学科专业设置内容方面，CIP 目录中体育学不是以一级学科存在，而是将体育相关专业分散到其他学科门类中。以 CIP2000 为例，美国高等体育教育分设到教育，公园、娱乐、休闲、健身，健康职业与相关临床科学三个学科门类内。其中教育学科下设特种学科和职业教师教育专业；公园、娱乐、休闲、健身职业学科下设公园、娱乐、休闲、健身设施管理，健康与体育/健身，其他健康与体育/健身三个专业；健康职业与相关临床科学下设联合健康诊断，介入与治疗专业，康复与治疗专业，运动身心疗法与教育专业四个专业。另外在学科体系中还设置了"交叉学科"门类，吸纳了一些新兴尚未成熟的学科，为这些新兴学科的发展提供了空间。

综上所述，美国高等体育教育学科专业设置具有以下特点：①体育学科体系比较松散，且缺乏独立性，这是制约美国高等体育教育深入发展的主要因素之一；②美国高校在专业管理方面自主权较大，专业设置灵活；③体育学科专业发展遵循以人为本的原则，以发展人的身心健康为主要目标，不仅关注运动员的身心健康，更关注社会各类人群包括女性、老人和残疾人的身心健康。

在高度分权化的教育体制之下，美国的高等体育教育课程体系没有统一标准，体育课程体系各不相同，但是美国高等教育实行鉴定制度，高等学校的专业以及课程设置需要经过美国高等教育委员会审查通过方可实行，加上受经济、政治、文化、教育等社会因素的影响，美国高等体育教育课程体系呈现一定的共性特征。在高等体育教育初创时期，生物科学和医学成为体育院系课程体系的核心课程，后来经过一系列的课程改革，这些课程的核心地位更加凸显，主要代表课程有运动学、运动生理学和运动医学等自然学科课程。美国高等体育教育课程体系主要包括四大类内容：①公共基础课程，包括人文、社会、自然等通识课程；②专业基础理论课程，这部分课程是与专业有关的母学科或者交叉学科的课程。如亚利桑那州立大学的休闲体育教育专业开设休闲学课程。③专业方向课程，主要是与专业相关的核心课程，如休闲体育教育专业开设的休闲资源管理，体育教育专业开设的运动生理学、运动心理学等专业课程。④选修课程。为了拓宽学生的知识面，实现"厚基础、宽口径"的人才培养目标，各高等体育院系开设了种类繁多的选修课程，如密苏里大学的体育旅游专业开设户外休闲和资源管理、休闲体育管理等选修课程。

综上所述，在分权制的高等教育体制之下，美国高等体育教育形成了独具特色的课程体系，具体特点如下。

1）课程体系设置具有通识性和特色性。在通识教育理念的指导下，美国高等体育教育注重公共知识的宽泛性和通识性，以拓宽学生的就业渠道，并充分利用本校的课程资源，加强与其他院系的联合，增设交叉学科，增加了课程体系的特色性。

2）注重课程设置的社会性、前沿性。美国高等体育院系以社会需求为导向，重视新兴学科的开设，并随着科技、文化的发展不断更新教学内容，以增加课程的科学性。

3）体育课程体系增设大量选修课程，发挥学生的主动性。美国高等体育教育院系拥有种类丰富、门类齐全的选修课程，并且选修课程所占学分比重较高。

4）高度重视理论课程。为了增加高等体育教育课程体系的科学性，提升体育专业的学术影响力，美国各高等体育院系通过增设实用学科，提高理论课程比重以实现其目标。

11.6 小结

总而言之，当前美国高等体育教育办学目标定位主要有以下几方面特点。

（1）人才培养目标定位的即时应变性

美国高等体育院系以社会需求为导向，不断调整办学目标定位，突出体育专业人才培养的实用性。随着社会经济的发展，健康和休闲成为人们生活不可或缺的内容，人们对于体育活动的需求增加，体育健身消费不断攀升，运动康复、休闲娱乐等方面的体育专业人才需求量增加。

（2）办学目标定位的特色性

美国高等体育教育专业除美国体育学院之外，都设在综合性大学之内，所以美国的高等体育教育的办学目标与学校整体办学目标密切相关。由于美国的高等院校实行分系制，各高校具有自主设置办学目标的权力，因此美国各高校办学目标定位都独具特色，如春田学院的办学目标定位为训练、科学研究，以球类运动、运动医学、健康教育与娱乐等为特色专业，在国际上享有较高的声誉；佛罗里达大学的体育健身管理专业以及加州州立大学的体育心理学和运动训练等都为各自学校的特色专业。总而言之美国的高等体育院系具有较大的办学自主空间，办学目标定位比较灵活，能够结合自身优势、地域特色和社会需求等方面的要求，形成独具特色的人才培养模式。

　　根据我国高等体育教育发展过程中存在的问题，结合当前国家经济、社会和体育事业发展对体育专业人才的需求，借鉴美国高等体育教育的经验，提出以下发展改革策略。首先，学校要树立全面的人才培养理念。改变传统的只为竞技体育服务的意识，增加高等体育教育的社会服务意识，完善高等体育教育的教学训练、科学研究、社会服务三大社会职能。其次，树立复合型体育专业人才的培养目标。在知识经济和信息化社会背景下，国家和社会对于体育专业人才的需求是多方面的，既有高级体育管理人才，也有教练员、运动员、科研人员，更有社会健康指导人员和体育教师，因此高等体育教育应借鉴美国的"通才"教育思想，树立"通才+专才"的复合型人才培养目标，加强学生的基础性知识教育，拓宽专业人才培养口径，培养既能够立足体育行业，又能涉足体育行业之外的多样性体育人才。再次，确定办学类型，准确服务定位，突出办学特色。结合高等院校存在的研究型、研究教学型、教学研究型、教学型四种类型，我国高等体育院系应立足学校的历史、文化传统，结合自身的办学条件和社会需求等方面的特点，选择适宜的办学类型，增加办学的特色性，减少体育院系的同质化发展趋势。高等体育院系的职责是培养体育专业人才，发挥教学训练、科学研究、社会服务三项职能，一种办学类型的确定并不等于其他社会职能的摒弃，而是不同职能的侧重点有所不同。最后，我国高等体育院系应结合本校在学科、项目等方面在全国高等体育教育系统中的地位，发挥学科和专业优势增强办学特色，以培养特色体育专业人才，同时学校应兼顾所属区和办学的辐射面，确定立足服务地区、面向全国、瞄向世界的发展理念，构建一套层次结构合理、特色鲜明的高等体育教育人才培养体系，培养既能够满足地区需要的应用型体育人才，又能够服务全国各领域的研究型体育人才。

实行统筹管理和学校自主管理相结合的方式，遵守分类、分层次指导和管理的原则，对体育学科体系的第一层次（一级学科层次）进行统筹管理，规范指导各院校的学科专业设置，从整体上控制各专业体育人才的培养数量；二级学科管理应适当放松，由学校申请，教育部（厅）审批的方式，兼顾学校个体发展和社会整体需求，适当增加学校二级学科管理的自主性；三级学科或专业方向全面放开，授予各高等体育院校专业设置自主权，使各院校能够根据社会需求以及地方经济、文化发展特点自主开设专业或者开创新兴专业，依据自身的办学实力，突出办学的特色，发展优势学科，增强自身的核心竞争力。同时政府机构或非官方专业机构应建立一套约束监督机制，以保证专业的科学化、标准化、规范化发展。

在学科专业设置内容方面采用"规划演绎模式"和"统计归纳模式"相结合的方式，借鉴美国 CIP 学科专业设置，增加体育学科的开放性，在体育学一级学科目录下增设一个二级学科"体育交叉学科"，将体育领域内一些新兴的、尚未成熟的、交叉学科纳入其中，为体育新兴学科提供发展空间。建立一套科学的自主设置体育学科的认证与评价体系，待新兴学科发展成熟后，按照有关程序进行认证后重新调整归属。

在体育学科专业发展目标方面，我国体育学科专业发展目标应当借鉴美国的发展经验，改变传统只关注成绩忽视健康、只关注职业运动员忽视普通群众体质健康、只注重体质锻炼忽视心理健康的现状，遵循以人为本的发展理念，以人的身心健康为主要目标，注重各类人群的身心全面发展，培养各种类型的体育专业人才，以满足社会的不同层次需求，增加体育的社会服务功效。

针对我国高等体育教育课程体系存在的问题，借鉴美国高等体育教育课程体系的经验，建议加强以下几个方面的改革。

1）下放课程设置自主权，增加课程设置的多样化、地方化、特色化。国家教育部门应适当放宽高等体育院系课程设置权限，增加其课程设置自主权，让各高等体育院系能够结合社会需求、地方的传统文化特征、本校的优势资源设置一些优势课程，增加课程设置的针对性。在课程设置内容方面体育专业课程体系中不仅要开设国家规定的必修课程，也要适当增设民族传统课程以及健身、娱乐、休闲、康复、体育产业等新兴课程，培养的多样化体育专业人才，以满足社会的需求。如沈阳体育学院结合地区优势适当开设冰雪运动项目特色课程，培养特色的体育专业人才，以满足国家和社会的需求。

2）重视理论课学习。大量的理论课程学习能够为学生进一步专业学习打下良好的基础，近年来我国体育院系逐渐增加理论课程的比重，但是仍不能达到培养优秀体育人才的需求。建议实行"通才+专才"教育的课程设置模式，增加公共理论课程和专业理论课程比重，注重理论课程的质量，优化学生的知识结构逻辑结构，提升其理论知识水平，以培养"厚基础，宽口径"的复合型知识结构体育专业人才。

3）增加选修课比重。在选课内容方面增加选修课的比重，增加选修课程的数量，丰富课程的门类，同时应保持选修课程与社会发展的同步性，根据社会需要及时开设新课程；在选修课的形式方面，放宽选修形式，给予学生最大的自由度，打破学校、院系、年级的壁垒，通过学分互认，增加校际、院系之间的课程交流。

4）课程设置综合化和国际化。随着体育科学的发展，体育学科与相关学科的联系越来越紧密，体育交叉学科逐渐增多，体育课程的综合化程度越来越高。体育院系应加强文科、理科、工科之间的沟通与互融，发展新兴综合性课程。课程体系中应增加自然科学和技术科学等方面课程的内容，并进行合理优化组合，针对不同的专业比重有所偏重，以满足复合型人才的需求。同时为加快我国"建设一流大学，建设一流学科"步伐，培养国际性体育专业人才，我国高等体育院系应当向国际开放，增加国际交流，通过参与国际性学术交流活动和合作研究等以加强学术、文化和教育等方面的合作和交流；通过交换生和互派留学生等形式，增加人才的交流。

第12章

结论与展望

12.1 结论

改革开放以来中国高等体育教育发展经历了恢复与调整、规范与改革、扩张与优化三个阶段。办学目标定位发展特征为：办学目标由注重外延式发展向注重内涵式发展方向转变；办学方向由重点服务教育事业到竞技体育事业直至向社会体育方向转变；办学类型由单一教学型向教学科研型、教学型多类型并存的方向发展；办学特色中的"训练"特色由强化向弱化方向发展。管理体制发展特征为：管理格局由"6+8"演化为"1+5+8"；管理模式由政府主导的计划管理模式向学校自主的市场化管理模式转变。学科专业发展特征为：体育学科专业发展由简单分化向规范合并方向发展；体育专业院校本科专业设置由以单一体育学类专业为主向多学科门类交叉专业方向发展。人才培养方式发展特征为：人才培养目标由单一培养师资向培养"四员"方向发展；人才培养途径由单层面（本科）、单形式（教学）为主向多层面（本科、研究生）、多形式（教学、训练、科研）方向转变。

改革开放以来高等体育教育发展过程中既有成效也有问题。

其成效主要包括：办学目标定位方面，确立了教学、训练、科研"三结合"的办学指导思想，确定了"双一流"内涵式办学目标定位；管理体制方面，实行依法自主办学管理模式，赋予体育专业院校办学自主权；学科专业方面，构建了多学科门类的体育专业体系；人才培养方式方面，构建了多目标、多层次、多形式的人才培养体系。存在的问题包括：办学目标定位方面，办学方向摇摆不定影响体育专业院校的办学特性，办学目标定位存在结构性失调影响高等体育专业院校的发展格局；管理体制方面，体育专业院校主管部门间存在条块分割问题制约院校之间统筹规划，办学性质单一、社会化程度不高阻碍高等体育专业院校的发展步伐；学科专业方面，学科专业调整与社会需求契合度不高影响高等体育专业院校的人才就业，学科专业布局不合理影响高等体育专业院校的专业特色化发展；人才培养方式方面，人才培养目标未能全面实现致使高等体育专业院校远离办学初衷，人才培养途径发展不合理影响体育专业院校人才培养规格。

在高等体育教育发展动因方面，政治因素、高等教育发展因素、体育事业发展因素和自身发展需求因素是推动高等体育教育发展的主要动因。

在新的历史发展时期，高等体育教育面临重大的机遇与挑战。在机遇方面，高等教育大众化以及高等教育强国建设给高等体育教育发展带来机遇；社会体育的蓬勃发展增加了体育人才的需求量，竞技体育的发展需要体育专业院校的支持，生机勃发的体育产业增加了体育专业人才的多样化等为高等体育教育发展带来了巨大的发展机遇；体育专业院校实力的不断增强为高等体育教育发展争取更多机会。在挑战方面，高等体育专业院校存在国家统一政策引领与学校定位差异化的矛盾；多方面社会需求下专业建设"全"与"专"的抉择；"办学主体多元化"带来的挑战；多样化人才需求对高等体育专业院校办学条件的挑战；综合性高校和师范类学校创办体育专业带来的挑战等成为高等体育教育发展的动力之源。

高等体育教育发展的改革策略如下。第一，高等体育专业院校目标定位的差异化。首先，办学方向与目标差异化，坚定服务社会体育和竞技体育办学方向，并在两个方向上形成办学特性；制定阶段性和差异化的办学目标，在世界一流、世界著名、国内一流、国内著名等不同层次上有所区别，在优先发展的学科专业方面有所不同。其次，办学类型与层面差异化，学校应合理进行办学目标定位，在教学型、教学研究型、研究教学型和研究型四种办学类型方面都有所涉及，以提升高等体育专业院校的整体实力。再次，在办学特色方面，体育专业院校要完善竞技体育的"训练"特色，突出社会体育的"健康"特色。第二，学校管理自主化。首先，正确处理"府学关系"，教育主管部门与体育主管部门之间构建协调机制，以保障对体育专业院校宏观调控的统一性；其次，政府与学校之间实行放权与宏观调控同步。第三，专业建设特色化。巩固体育教育训练学本色专业，开拓体育健康与康复学新特色专业。第四，人才培养方式多样化。首先，人才培养目标多样化，完善"训练"本色，培养优秀运动员和教练员；开拓"健身"特色，培养"体医结合"所需新兴体育特色人才。其次，人才培养途径的多样化，完善体工队"院校化"和一体化的"体教结合"办学模式；探索"中医与体育结合""传统武术与医学结合"和"竞技体育方法与医学结合"的"体医结合"人才培养模式；完善社会需求导向下应用型、复合型和研究型人才的多元化人才培养模式。第五，办学过程开放化。首先，体育专业院校要面向社会，加强与社会企业、高校、科研单位、体育部门合作；其次，扩大对外交流合作范围，提高国际影响力。

12.2　研究不足与展望

　　本书对于高等体育教育的研究尚存在许多问题有待解决，如高等体育教育的发展过程极其复杂，而本书对于高等体育教育发展动因的研究主要通过逻辑分析和历史经验归纳总结呈现，理论研究尚需进一步深入。本书的调查对象仅限于 14 所体育专业院校，缺少师范类体育院系和综合性大学的体育院系的研究。在高等体育教育发展过程中，高等体育专业院校与师范类体育院系和综合性大学体育院系并行存在与发展，共同构成了广义的高等体育教育体系，将三者进行适当的比较分析能够为高等体育专业院校的改革与发展提供理论与实践依据。但是由于师范类体育院系和综合性大学体育院系发展历史更悠久、数量更多，需要更多的精力对其进行深入研究。因此，笔者将会在今后研究工作中进一步完善。

附　　录

附录1　专家访谈提纲

专家	访谈提纲
杨桦	1）当前制约高等体育专业院校"体教结合"和"体医结合"的因素及改革措施
	2）当前高等体育专业院校管理体制存在的问题及解决思路
王家宏	3）体育学科发展存在的问题及解决思路
孙晋海	4）高等体育专业院校与综合性大学体育院系办学的共性与特性及发展方向
曹莉	5）改革开放以来高等体育教育发展的阶段划分、特征及成效
谭华	6）高等体育专业院校与师范体育院系办学的共性与特性及发展方向
刘玉林	7）改革开放以来高等体育教育发展历程的阶段划分及重点事件
	8）高等体育专业院校发展的成效与问题以及制约高等体育专业院校发展的因素
钟秉枢	9）体育专业院校办高水平运动队是否可行，体工队院校化和办好体育教育训练学专业两种方式的制约因素

专家	访谈提纲
韩冬	10）在办学自主权方面还有哪些方面需要进一步提高，如何协调"府学关系"
李杰凯	11）相对于师范类院校和综合性大学的体育院系，体育专业院校的办学特色主要体现在哪些方面
	12）"体医结合"思想指导下，体育专业院校在竞技体育方面具有的先进训练、康复理念与方法应用到大众健身方面，能否转化为体育专业院校新的办学特色
崔乐泉	13）改革开放以来高等体育教育发展的阶段划分、特征及成效
	14）高等体育教育发展的制约因素

附录2 春田学院发展历史

Since 1885, we at Springfield College have had a singular focus on educating students—in spirit, mind, and body—for leadership in service to others. We call it our Humanics philosophy. The world has changed since 1885, and we have, too. New academic programs, renovations, construction, and other major developments have ensured that we remain relevant to today's students and society. One thing that hasn't changed is our Humanics focus.

That means that we place great emphasis on helping students grow their whole person, enter fields that help others, and serve as leaders in their communities, organizations, and companies, at home and around the world. Offering bachelor's, master's, and doctoral degrees, Springfield College is the best destination for those seeking a well – rounded education, strong academics, experiential learning opportunities, and active and fulfilling co – curricular and athletic involvement.

The Springfield College seal includes the Luther Gulick triangle with the words "spirit" "mind" and "body" written within it. Within the triangle is the lamp of learning, and around the triangle is a circle that encloses the name of theinstitution and its founding year of 1885. The Luther Gulick triangle continues to represent the College and its Humanics philosophy of educating students in spirit, mind, and body for leadership in service to others.

Springfield College utilizes the seal for official business. For example, it's imprinted on certain communications from the Office of the President, ceremonial documents, awards, and diplomas.

The Springfield College logo, created in 2015, which includes the words "Springfield College" and an inverted **SPRINGFIELD COLLEGE** ▽ triangle, exemplifies the College's Humanics philosophy, which recognizes that an individual's emotional, intellectual, and physical lives are interconnected. The inverted equilateral triangle utilized in the new logo dates back to former Springfield College faculty member Luther H. Gulick, a pioneer in physical education and recreation in the United States, who first introduced the symbol to the College in 1891.

Springfield College Athletics is represented by a block "S", which follows a storied tradition of the College utilizing numerous forms of this imagery for decades. The College chose to move forward with one consistent look that honors its history and uses two-toned coloring that helps Springfield College stand apart from other institutions.

1885

The School for Christian Workers opens with 18 students. Tuition is free and meals cost about $3 per week. David Allen Reed, a Congregationalist minister, is the founder of the school, which was originally located at Winchester Square in Springfield, Mass.

1887

"Body building" is coined by gymnasium department instructor Robert J. Roberts, considered the founder of the fitness movement. Roberts came to the college after a career at the Boston YMCA.

1889

The triangle is born! Luther Halsey Gulick, former director of the physical education department and "father of physical education and recreation in the United States," creates the Springfield College triangle emblem seen in our logo today (and now lovingly referred to as the Gulick Triangle).

1891

College instructor and graduate student James Naismith invents "basket ball." The first game is played between faculty and students at Springfield College, with students winning 5-1.

1894

William Morgan, Class of 1894, invents volleyball at the Holyoke (Mass.) YMCA. Originally named mintonette, the game is renamed volleyball at an exhibition game at Springfield College.

1906

William H. J. Beckett receives the first degree ever awarded by the College, a Bachelor of Humanics. Beckett is pictured in the center of the portrait, third row from the bottom.

1913

Former U. S. President William Howard Taft speaks at the dedication of Marsh Memorial Library, now home to the Office of the President.

1920

Springfield College receives the Olympic Cup from the International Olympic Committee for "merit and integrity, contribution to the progress of athletics, and clean sport." We're the only college to receive this honor.

1926

Stepping Up Day—formerly called Decapitation Day, or the day when freshmen no longer had to wear their beanies—begins as a tradition.

1927

Peter Karpovich, MD, joins the faculty. Karpovich becomes an internationally respected exercise physiologist, scholar, and researcher. Many of his philosophies still influence the development of our exercise physiology programs.

1933

Father of Modern Dance in the United States Ted Shawn H'36 teaches at Springfield College and forms the first all-male dance group, comprised of Springfield College students. The group founds Jacob's Pillow, located in Becket, Mass., and tours the United States.

1939

Springfield College earns international recognition in a Jan. 23 *Life* magazine article, "Men of Muscle: From Springfield College Come Physical Directors for the Nation."

1954

Springfield College officially becomes Springfield College. Names of the College have included School for Christian Workers (1885), YMCA Training School (1890), International YMCA Training School (1891), International YMCA College (1912), and finally, Springfield College.

1961

Irving Conrad, then president of the Student Government Association, creates Sti – Yu – Ka, a celebration each spring that celebrates the end of the academic year. The greased pole climb is a tradition that continues as part of the celebrations today.

1963

Springfield College is prominently featured in the Dec. 2 issue of *Sports Illustrated* as a school that "is making an unequaled contribution to American sports."

1964

Rev. Martin Luther King Jr. gives the commencement address and receives an honorary Doctor of Humanics on June 14, despite outside attempts to persuade the College to rescind its invitation to King.

1968

The James Naismith Memorial Basketball Hall of Fame opens on the campus. The Naismith Memorial Basketball Hall of Fame has since moved to downtown Springfield.

1972

Title IX is enacted on June 23. Congressional testimony is given by faculty member Mimi Murray '61, G'67.

1982

Tom Waddell, MD, founds the Gay Games, a quadrennial arts and athletic event open to anyone who would like to participate. This happens 14 years after Waddell competes in the decathlon for the U-nited States at the Olympics in Mexico City.

1997

Springfield College chemistry professors Chun－Kwun Wun and Frank Torre help develop a rapid test that can detect killer E. coli bacteria before tainted food, such as a hamburger, leaves the warehouse on its way to consumers.

2010

A larger－than－life bronze statue of James Naismith is unveiled on Naismith Green.

2010

A tornado tears through campus on June 1, destroying many trees and International Hall, a residence hall on campus. Campus is quickly brought back to life and International Hall is fully restored to working order before students come back to campus in September.

2013

U. S. Senator Elizabeth Warren delivers the Undergraduate Commencement address on May 19.

2017

The new Learning Commons will open on the campus and serve as an educational hub for students. With resources combined from the library, Academic Success Center, and Internet Technology Solutions, students will be able to access whatever they need academically in a technologically advanced—and beautiful—facility.

附录 3　春田学院发展大事记

Year	Description
1844	George Williams founded the Young Men's Christian Association in London
1851	First YMCA established in the United States (Boston)
1885	School for Christian Workers founded at Winchester Square in Springfield, Massachusetts, by Rev. David Allen Reed, to train Sunday School teachers and administrators of YMCAs; tuition was free
1885	Jacob T. Bowne creates and heads the School's YMCA department and brings his extensive library of YMCA materials to the School

续表

Year	Description
1886	First international student arrived
1886	The School completed construction of its first building at the corner of Sherman and State streets in Springfield, Mass. The Armory Hill YMCA rented space in the building for its operations
1887	Luther Halsey Gulick pioneered the Department of Physical Education
1889	Luther Halsey Gulick developed the School's inverted equilateral triangle logo, the basis for the YMCA's official symbol, to represent spirit, mind and body
1889	A new athletic grounds, located within five minutes walk of the School building, was installed on May 1
1890	School for Christian Workers incorporated as the YMCA Training School
1890	Football introduced on campus by student-instructor Amos Alonzo Stagg
1891	YMCA Training School incorporated as the International YMCA Training School
1891	Henry S. Lee named President
1891	Thirty acres on Lake Massasoit purchased
1891	James Naismith invented basketball
1891	Charles S. Barrows appointed President
1894	West (Judd) Gymnasium built
1894	Bicycle club established
1895	Alumnus William G. Morgan invented volleyball in Holyoke, Massachusetts
1896	First dormitory (present Administration building) constructed. Transfer to new campus completed
1896	Laurence Locke Doggett named first full-time President

Year	Description
1896	Student Association established
1897~1900	Association Outlook published
1899	Nobody's Business begins publication for students
1901	Boathouse erected as center for aquatics instruction
1901	Alumnus Edgar M. Robinson appointed first national director of boys' work for the YMCA
1902	Henry S. Lee dies
1902	International Lyceum organized
1903	International Society and Debating Society organized
1904	First gymnastics exhibition team organized
1904	Woods Hall constructed
1905	Massachusetts legislature gave permission to grant four degrees: bachelor and master of humanics and bachelor and master of physical education
1906	William Beckett, an African American, was the first graduate to receive a diploma
1906	Gerrish Grove acquired
1907	Student Senate organized
1908	Springfield Student first published
1909~1910	Philomathean Literary Society organized
1910	Pratt field created
1910	President Laurence Doggett and alumnus Edgar M. Robinson helped found the Boy Scouts of America
1912	School changed name to the International Young Men's Christian Association College

续表

Year	Description
1912	First rope pull
1912	Marsh Memorial dedicated
1913	McCurdy Natatorium constructed
1913	Football spiral snap from the center to punter invented
1914	Wrestling and swimming begin at the College
1916	Number of years of study changed from 3 to 4, beginning in September 1916
1916	Summer courses begin
1916	First book on lifesaving, written by student George Goss, published
1916	Brass Band established
1920	First Junior Prom held
1920	Industrial department created
1920	New department of medical gymnastics established
1922	Seven acres of land on the south shore of Lake Massasoit acquired
1923	Physical Education Annex and Weiser Hall built
1924	Freshman camp started
1926	Bachelor of Science degree first granted
1927	Alumni Hall, a men's dormitory, completed (architect George C. Gardiner)
1927	First Master of Education degree presented
1928	Women admitted to all summer courses including classes for coaching of track, baseball, and basketball
1928	Lake Massasoit campsite purchased (now East Campus)
1929	First Master plan for future college adopted
1929	Peter Karpovich invented the natograph to test efficiency of swimming strokes

Year	Description
1930	East Campus established to integrate the benefits of outdoor recreation, adventure training, focused human development, and group work in outdoor, team-building programs
1932	Indian Pageant replaced the usual hazing of freshmen
1933	Women admitted
1933	Ted Shawn, modern dance pioneer and founder of Jacob's Pillow, started teaching at the College.
1937	Ernest M. Best becomes president
1940	Crew becomes a varsity sport
1945	Major blueprint for future development established
1946	Paul Limbert appointed President
1947	Memorial Field House brought to campus from upstate New York
1950	Abbey-Appleton Hall constructed
1950	Doctor of Physical Education program begins
1951	Women first accepted as full-time students
1953	Donald Stone becomes President
1954	Name officially changed to Springfield College
1954	New master plan and capital funds program developed
1958	Glenn H. Olds named President
1958	First endowed chair of physical education in the United States, Buxton Chair, awarded to the College
1959	Beveridge Center built
1959	Doggett Memorial (President's House) dedicated
1960	Lakeside Hall completed
1960	Massasoit Hall constructed
1961	Schoo Hall built

续表

Year	Description
1963	College adopts major Long-Range Development Plan
1963	College grants Bachelor of Arts degrees
1963	Women's intercollegiate athletic program begins
1964	International Hall built
1965	Wilbert E. Locklin becomes president
1965	Allied Health building erected
1967	Art Linkletter Natatorium constructed
1968	Cheney Hall built
1969	Gulick Hall opened
1970	Dana Building completed
1971	Babson Library opened
1971	Towne Health Center erected
1972	Blake track completed
1973	Benedum Field
1975	Bemis Hall built
1979	Memorial Field House condemned and razed
1980	Women's cross country and golf became intercollegiate sports
1980	Physical Education Complex built
1983	Fuller Arts Center erected
1988	School of Human Services established at Springfield College
1989	Town Houses constructed
1991	Living Center & Graduate Student Annex completed
1999	Richard Flynn named President
2010	Springfield College Celebrates 125th Anniversary
2013	Mary-Beth Cooper becomes 13th President of Springfield College

附录 4 美国体育学院人才培养目标

Student Learning Objectives

Undergraduate

Upon receipt of a bachelor's degree, students are expected to assume regional, national, or international positions in the development, delivery, or administration of sport or sport education programs. Those already employed in sport or sport education are expected to have enhanced skills, knowledge, and understanding, which will promote the advancement of sport, sport education, or sports sciences.

Program Goals

The specific goals of the bachelor's degree program are derived from the mission of the Academy. These goals and objectives are as follows:

1. The Academy has identified seven general education goals to prepare students for upper division course work. In support of the Academy's mission, the goals and objectives are to prepare educated individuals who are able to:

a. Apply critical and independent thinking to real world issues

b. Demonstrate the ability to clearly articulate ideas in writing

c. Demonstrate problem solving capabilities through an expanded vision of the sport discipline

d. Analyze and illustrate with conviction issues of significance in their chosen disciplines

e. Identify ethical principles applied in the world of sport and life in general

f. Synthesize learned theories and relate those theories in practical environments

g. Evaluate issues and trends pertaining to the world of sport

2. The faculty and staff of the Academy provide the necessary tools for students to accomplish the goals listed above by:

a. Demonstrating the appropriate skill sets to work in the profession of sport at various levels of sport from amateur through professional

b. Applying theoretical information and putting that information into practice within sport disciplines

c. Providing materials necessary for students to gain the knowledge, skills, and practical abilities to succeed in the discipline of the sport major being studied

d. Increasing computer literacy by utilizing current computer technology and applications across the curriculum to develop research skills and computer literacy for academic settings, workforce development, and lifelong learning

e. Increasing students' awareness of the need for a personal philosophy and the importance of ethical principles related to their chosen professions and life in general

GPA Requirement

A cumulative grade point average (GPA) of 2. 0 is required for graduation.

Mentorship—The Culminating Experience

The Academy's mentorship program enables a student to get in-depth training under the direct supervisionof a leader in the student's chosen field. Mentorship study can provide many opportunities for valuable practical experiences, since the student can select, within established guidelines, both the site and the type of experience desired. The flexibility of mentorship study is particularly important for the professional who seeks career advancement but prefers to remain employed while pursuing a degree.

Experiencing a mentorship is an excellent opportunity to work side-by-side with experts in the sports profession. The mentorship could provide a student an opportunity to build a network with professionals in the industry. Students should attempt to procure a mentorship in their local area. Students are advised to contact the Mentorship Office to discuss possible mentorship ideas prior to initiating the necessary paperwork.

The mentorship is required in the B. S. S. , Ed. D. and some M. S. S. programs (all M. S. S. students do have an option to complete the mentorship), however due to state authorization laws in certain states, some students may not be allowed to complete a mentorship. Those students must contact their advisor for details. For full details regarding the mentorship program, students should download the Mentorship Handbook from the student portal.

Master's Students

Upon receipt of a master's degree, students are expected to assume regional, national, or international positions in the development, delivery, or administration of sport or sport education programs. Those already employed in sport or sport education are expected to have enhanced skills, knowledge, and understanding, which will promote the advancement of sport, sport education, or sports sciences.

Program Goals

The specific goals of the master's degree program are derived from the mission of the Academy. These goals and objectives are as follows:

1. Demonstrate the knowledge and skills necessary to succeed as a professional in sport disciplines

2. Synthesize and evaluate theoretical information and integrate it into practice by:

a. Explaining issues and trends in sports

b. Summarizing the necessary knowledge and skills in program management

c. Generating organizational or professional development in sport - related programs

d. Interpreting issues through self-directed study, critical thinking, and problem solving

3. Value the need to develop a personal philosophy and ethical principles related to sports by:

a. Combining the knowledge of the sociological, historical, political, and philosophical aspects of sports

b. Developing an understanding and working knowledge of the current state of the sport profession

c. Describing how sports impact human behavior

d. Justifying the application of ethical principles in practical situations.

4. Synthesize the principles and methods of research in the area of sports by summarizing instruction and supervised practice in:

a. Evaluating existing research

b. Formulating research that integrates knowledge and experience with existing theories

c. Assessing and synthesizing data

GPA Requirement

A cumulative grade point average (GPA) of 3.0 is required for graduation.

Portfolio and Comprehensive Examinations

Student completing the thesis option in their programs of study will successfully complete a portfolio.

The Master's Portfolio serves several purposes:

· It will help guide the student through his/her program of study.

· It will focus the students' interests, sharpen their research experience, increase the breadth of training and expand their scholarly credentials by blending practical life experiences and professional work history within their program of study.

· It will serve as the comprehensive evaluation of the students' learning and be a clear portrait of the student in terms of interest, scholarly ability, writing skill, independent and critical thinking, and research capability.

Master's students completing the non-thesis or mentorship options in their programs of study must successfully pass a comprehensive examination:

The purpose of the Comprehensive Examination is to confirm that students have met the goals of the master's degree program. Goals are outlined in the "Master of Sport Science Catalog," as well as specific competencies formulated to meet those goals. When students are able to demonstrate knowledge of sport science and a specific knowledge in their fields of expertise, students, faculty and administration can be assured that the goals have been met.

Doctoral Students

Upon receipt of a doctoral degree, students are expected to assume regional, national, or international positions in the development, delivery, or administration of sport or sport education programs. Those already employed in sport or sport education are expected to have enhanced skills, knowledge, and understanding, which will promote the advancement of sport, sport education, or sports sciences.

The specific goals of the doctoral program are derived from the mission of the academy and developed to award a terminal degree in the profession of sports. The goals and objectives of the doctoral program are as follows:

1. Develop the knowledge and skills necessary to provide effective leadership in academic or administrative environments

2. Summarize instruction and supervised practice in:

a. Assessing existing research in the profession;

b. Synthesizing theories by integrating current or related knowledge with existing concepts

c. Construct and defend original research as part of the professional dissertation

3. Synthesize and evaluate theoretical information and integrate it into practice by:

a. Interpreting issues and trends in sports

b. Designing innovative programs through effective individual leadership

c. Developing knowledge and skills in program administration

d. Interpreting issues through self-directed study, critical thinking, and problem solving

4. Value the need to develop a personal philosophy and ethical principles related to sports by:

a. Combining the knowledge of the sociological, historical, political, and philosophical aspects of sports

b. Generating contributions to the body of knowledge in the sport profession

c. Describing how sports impact human behavior

5. Summarize the principles and methods of research in the profession of sports by:

a. Designing research questions and comparing them with existing theories

b. Evaluating questions critically through analysis of data

c. Developing mastery of quantitative and qualitative methodologies utilized in research

GPA Requirement

A cumulative grade point average (GPA) of 3.0 is required for graduation.

Doctoral Portfolio

All doctoral students must complete a doctoral portfolio to reach candidacy.

The Doctoral Portfolio serves several purposes:

· It helps guide the student through his/her program of study;

· It focuses the students' interests and sharpens their research skills leading towards the capstone experience of the dissertation; and

· It serves as the comprehensive evaluation of the students' learning.

The Academy offers high quality and convenient bachelor's degree programs in sports coaching, sports management, sports studies and sports strength and conditioning. Each program is specifically designed to meet the needs of up and coming sports professionals in one of the quickest growing industries in the world. All courses are available online for degree-seeking and non-degree-seeking students so students can complete their studies at any time and any place. Our students are part of a global sports community with members in all 50 U. S states and 14 other countries.

All undergraduate degrees are upper-division programs. Student will complete 60 lower-division semester hours (a minimum of 30 semester hours required by transfer to begin) and 60 upper-division sport-specific semester hours to obtain the Bachelor's of Sports Science Degree. The degree is offered in four majors: Sports Management, Sports Coaching, Sports Studies and Sports Strength and Conditioning.

The Academy is a member of the National Council for Accreditation of Coaching Education (NCACE), which promotes and facilitates coaching competence; oversees and evaluates the quality of coaching education programs; and accredits coaching education programs that meet its comprehensive standards.

Master

The Academy offers a 33 semester hour program leading to a Master of Sports Science (MSS) degree. Students may also pursue a combination of any of the master's degree areas leading to a dual major, for a total of 42 to 45 semester hours depending upon the area of study.

Academy courses are offered online so that students can conveniently take courses at anytime and from anywhere. Students can also enroll and start their studies anytime.

The Academy is a member of the National Council for Accreditation of Coaching Education (NCACE), which promotes and facilitates coaching competence; oversees and evaluates the quality of coaching education programs; and accredits coaching education programs that meet its comprehensive standards.

参考文献

[1] 马毅. 美国大学体育系的发展历程和趋势的研究 [J]. 沈阳体育学院学报, 2002 (3): 32-35.

[2] 李忠梅. 从美国体育院系的发展看我国高等体育院校的改革 [J]. 西安体育学院学报, 2004, 21 (2): 94-97.

[3] 李丽. 中日美等国中小学体育教师培养模式比较研究 [J]. 武汉体育学院学报, 2006, 40 (1): 77-80.

[4] 陈学飞. 美国、德国、法国、日本当代高等教育思想研究 [M]. 上海: 上海教育出版社, 1998: 4.

[5] 魏国栋. 日本教育课程标准的改善 [M]. 北京: 人民教育出版社, 1999: 6.

[6] 王健, 黄爱峰, 吴旭东. 体育教师教育课程改革 [M]. 北京: 人民体育出版社, 2006: 158.

[7] 曲宗湖, 杨文轩. 域外学校体育传真 [M]. 北京: 人民体育出版社, 1999: 89-93.

[8] 隗金水, 杨乃军, 林文, 等. 中英俄美日五国体育专业课程设置的比较分析 [J]. 广州体育学院学报, 1999, 19 (3): 72-79.

[9] 李加奎. 日、英、美三国体育教育专业发展的比较研究 [J]. 四川体育科学, 2002 (3): 5-7.

[10] 董宏伟. 部分国家体育教师的教育状况介绍 [J]. 体育学刊, 2005, 12 (3): 141-143.

[11] 道格拉斯. 加利福尼亚思想和美国高等教育: 1850~1960 年的总体规划 [Z]. 周作宇, 等译. 北京: 科学出版社, 2008.

[12] 张娴，邱法宗. 区域性高等教育发展的协调性问题——美国加州高等教育发展的启示 [J]. 教育科学，2009（8）.

[13] 田学军. 美国加州的高等教育体系 [J]. 国际人才交流，2009（7）.

[14] 杨晓波. 美国公立高等教育机制研究 [M]. 太原：山西教育出版社，2008.

[15] Eldon Johnson. Consortia in higher education [J]. Educational Record, 1967, 48（4）: 341-347.

[16] Claremont University Center. Claremont [R]. California: Claremont University Center, 1970: 7.

[17] Lewis D Patterson. Consortia in American higher education [Z]. ERIC Report No. 7. Washington, D. C. : Eric Clearinghouse on Higher Education, 1970, 3.

[18] Julie Goldman, Anneke Lawrence, Susan Palmer. Consortium and center diversity: Our Differences, Our Strengths [EB/OL]. (2010-08-18) http: //www. national-acl. com.

[19] Willie Brennon. The application of March and Simon's organizational conflict theory to the voluntary interinstitutional consortium [D]. Florida: University of Florida, 1979: 42.

[20] Todd S Rose. The Associated Colleges of the South: A case study chronicling program development at the consortium and the significance of consortium membership through the experiences of presidents of member institutions [D]. Southern Mississippi: University of Southern Mississippi, 2008.